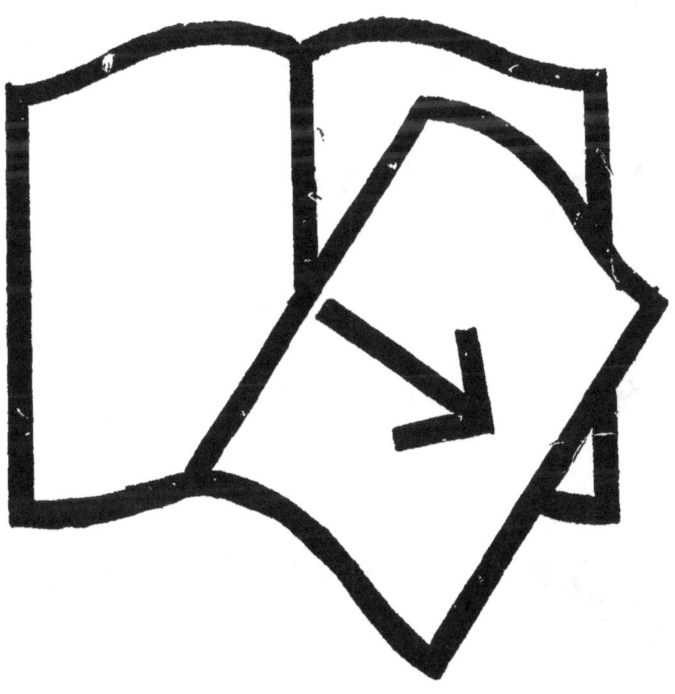

Couverture inférieure manquante

CATALOGUE RAISONNÉ

DE

L'OEUVRE

PEINT, DESSINÉ ET GRAVÉ

DE P. P. PRUD'HON

PAR

EDMOND DE GONCOURT

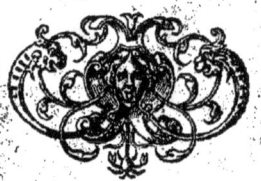

PARIS

LIBRAIRE ET MARCHAND D'ESTAMPES

5, QUAI MALAQUAIS

—

1876

CATALOGUE

DE PRUD'HON

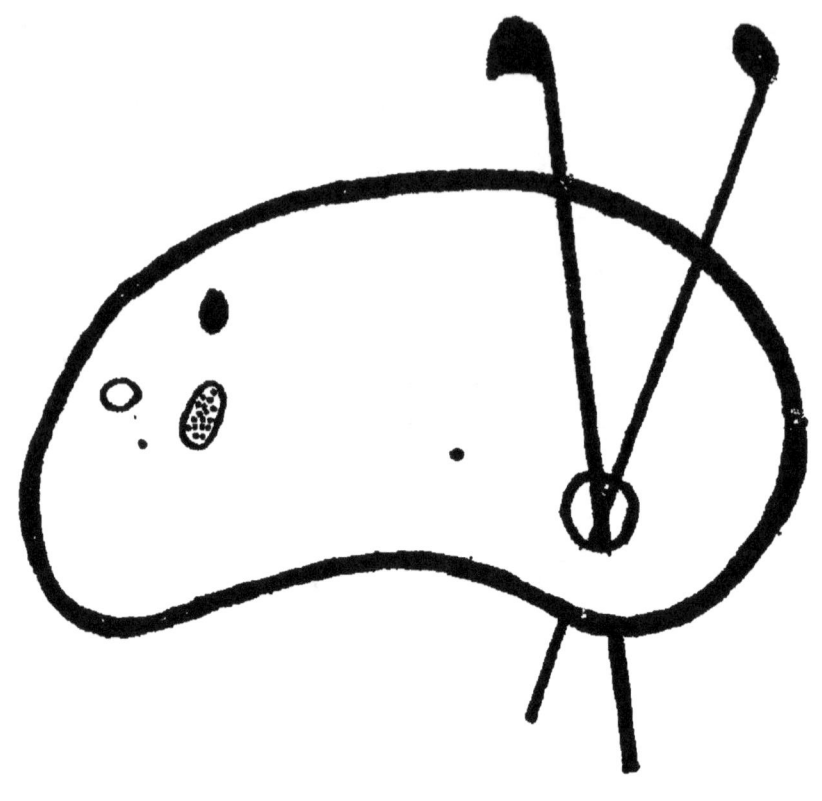

ORIGINAL EN COULEUR
NF Z 43-120-8

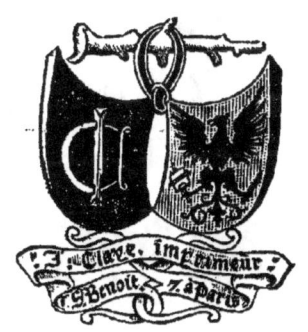

J. Clerc, Imprimeur
S. Benoît 7, à Paris

CATALOGUE RAISONNÉ

DE

L'OEUVRE

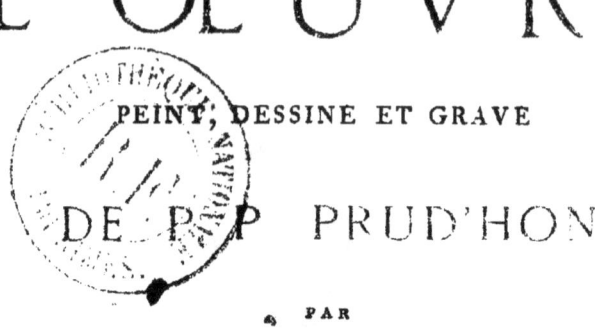

PEINT, DESSINE ET GRAVE

DE P.-P. PRUD'HON

PAR

EDMOND DE GONCOURT

PARIS

RAPILLY, LIBRAIRE ET MARCHAND D'ESTAMPES

5, QUAI MALAQUAIS

—

1876

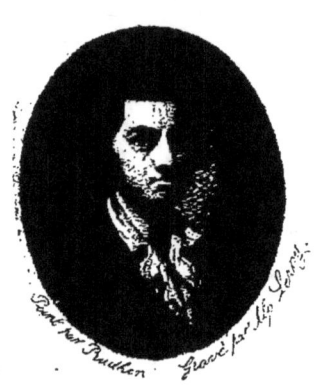

P. P. PRUD'HON

D'après la miniature donnée par Prud'hon
à M. Fauconnier et appartenant à M. A. Sensier

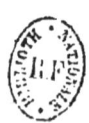

PRÉFACE

Prud'hon vivant n'eut pas la fortune des Maîtres du siècle dans lequel il était né. A part un petit nombre de tableaux d'exposition, à part quelques dessins capitaux, le grand artiste a été très-peu gravé. Ainsi que Boucher, ainsi que tous les Peintres et Dessinateurs, grands ou petits du temps, Prud'hon n'a pas vu, au sortir de sa main, le moindre, le plus infime de ses croquis se vulgariser en une estampe; et le Maître est mort avec un Œuvre gravé qui tiendrait quelques pages. Plus tard, il est vrai, quand a eu lieu la reconnaissance de son délicat génie, la lithographie s'est mise à reproduire les crayonnages de grâce et de lumière, tombés de la main du peintre sur le papier bleu. Toutefois, quelque nombreuses qu'ont été jusqu'à ce jour les pierres de Jules Boilly et de ce voluptueux interprète,

qui s'appelle Aubry-Lecomte; ces pierres ajou-
tées aux cuivres sont encore bien loin de donner
une idée complète de l'Œuvre de Prud'hon.
Songe-t-on qu'il n'existe encore qu'un mauvais
trait gravé du Salon de 1824 pour nous rendre
la grande composition d'Andromaque? Songe-
t-on qu'avant la lithographie toute récente de la
calcographie du Louvre, l'admirable dessin de
« Paris et Hélène reconciliés par Vénus » n'avait
aucune reproduction quelconque? Et qui, à
l'heure présente, sauf quelques amateurs, se
doute de l'existence de ces « quatre saisons » que
garde, inconnues, l'hôtel du duc d'Aumale!

De ce petit nombre de pièces gravées ou lithographiées naît un embarras dans la rédaction
du catalogue. Sous peine de renoncer à une
classification générale, de s'interdire des séries
faisant défiler la suite des imaginations du
Maître dans tel ou tel genre, le catalogueur est
astreint à semer les rares pièces de l'OEuvre
gravé en plein milieu de toutes les compositions
inédites; il est forcé de faire courir, à travers
le volume, un numérotage sans cesse interrompu.
S'il procédait autrement, il s'exposerait à scinder
l'ensemble de l'Œuvre et ne pourrait le montrer
dans son unité, dans son tout.

*Faire assister le lecteur-collectionneur au
laborieux enfantement de chaque composition,
lui mettre sous les yeux les tâtonnements, les
remaniements, les modifications, les* repentirs *de
la création matérielle d'une conception poétique,
le mener de la* première pensée *jetée dans un
croqueton jusqu'au tableau définitif, en le faisant
stationner aux études fragmentaires, aux académies, aux dessins d'ensemble, aux maquettes,
aux grisailles, aux esquisses ; en un mot raconter
l'histoire de chacun des tableaux de Prud'hon
par tout son papier dessiné et toute sa toile
peinte : voici ce que s'est efforcé d'accomplir le
rédacteur de ce catalogue, qui n'avait pu que
très-incomplétement ébaucher ce travail pour le
catalogue de Watteau.*

*La rédaction de ce livre documentaire a été
facilitée par le consciencieux catalogue publié par
M. Villot dans le « Cabinet de l'Amateur et de
l'Antiquaire », par l'étude de la précieuse collection de M. His de La Salle, par les deux ventes
Boisfremont, dont les vacations semblaient la
mise aux enchères du portefeuille du Maître,
par l'exposition de l'École des Beaux-Arts, qui
a rassemblé à Paris nombre de tableaux et de*

dessins, enfouis au loin, dans des coins de la Bourgogne. Enfin l'envoi gracieux qu'a bien voulu faire d'Alger à l'auteur, M. Laperlier de son carton d'estampes de Prud'hon, lui a permis de mentionner quelques pièces rares et qui ne se trouvent que dans cette réunion unique. Mais ici, le catalogueur l'avoue hautement, si son catalogue a quelque valeur, il le doit surtout aux communications, aux renseignements, à la science prud-honienne des deux amoureux de la mémoire du peintre : les frères Marcille.

Auteuil, décembre 1875.

CATALOGUE RAISONNÉ

DE

L'ŒUVRE DE PRUD'HON

EAUX-FORTES ET LITHOGRAPHIES

DE LA MAIN DU MAITRE.

— I —

La Leçon de botanique.

Prud'hon fecit (à la pointe).

(H. 12 c. — L. 7 c. 1/2.)

Cette petite composition représente, dans une bibliothèque, un jeune homme et une jeune femme costumés dans un moyen âge à la Henri IV [1].

1. En principe, je ne décris pas les compositions gravées, je ne fais exception à cette règle que pour les pièces très-rares

Cette vignette, d'après la tradition, aurait été gravée par Prud'hon, dans son premier séjour à Paris, pour une illustration des « Lettres d'Héloïse et d'Abélard » qui fut abandonnée.

1er État. — Sans nom d'auteur ni de graveur [1].

2me État. — Celui décrit. Une épreuve de cet état a été vendue 6 francs à la vente du docteur Pons, 1872. Le *Prud'hon fecit* est une intercalation toute moderne; si Prud'hon avait signé cette pièce, il l'aurait signée avec l'ancienne orthographe de son nom: *Prudon* ou *Prudhon*, sans apostrophe. C'est une planche dans l'Œuvre gravé de Prud'hon, à accepter de la tradition, mais où vraiment il n'y a rien qui puisse faire reconnaître la pointe du Maître. La planche qui n'a pas tiré existe. Elle a été achetée, avec le dessin et 16 épreuves, 360 francs par M. Bailleu, libraire, à la vente de M. Relée, en juin 1871.

Dessin. Le dessin, où se remarquent quelques changements, est à la mine de plomb sur papier blanc. Il ressemble à la copie laborieuse et appliquée d'une vignette d'Eisen. Il appartient à M. Bailleu.

ou les pièces pouvant amener une confusion dans l'esprit du collectionneur.

1. Je n'ai rencontré une épreuve de cet état, ni chez M. His de la Salle, ni chez M. Eudoxe Marcille, ni chez M. Laperlier, ni chez M. Maherault.

— 2 —

Un Génie.

(H. 8 c. — L. 6 c.)

Sans nom de dessinateur ni de graveur.

Petite figure drapée, ailée, volante, une branche de laurier à la main, un pied posé sur un nuage; au-dessous de la figure un casque.

Pièce maladroitement gravée avec un pointillé lourd qui ressemble à un travail de roulette. Pièce passée de la collection de M. Gigoux, qui la regardait comme unique, au cabinet des Estampes. Elle s'est vendue 27 fr. 30 à la vente Gigoux, 1873. Pièce pour moi très-douteuse.

— 3 —

L'ENLÈVEMENT D'EUROPE.

(H. 13 c. — L. 19 c.)

(D'après un bas-relief antique.)

Prud'hon del et sc.

Estampe non terminée. La tête d'Europe, vue de profil et tournée à droite, est légèrement ombrée ainsi que le fond qui l'environne; tout le reste est au trait.

1er État. — Eau-forte pure sans nom d'auteur, ni inscription, ni trait carré.

2me État. — La même avec *Journal des Artistes* en haut, et en bas *Prud'hon del et sc.* ENLÈVEMENT D'EUROPE.

Les deux états réunis se sont vendus 3 fr. 50 à la vente du 2 mars 1874.

M. Villot nous apprend que la planche de l'ENLÈVE-MENT D'EUROPE fut donnée par Prud'hon à Dagoumer, puis achetée à sa mort par M. Raverat qui permit d'en faire un tirage pour le 2me numéro de la Revue de la *Société d'encouragement pour les lettres et les beaux-arts*. Le tirage presque entier allait périr dans la boutique d'un épicier, lorsqu'un marchand d'estampes l'acheta à la livre.

Dessin. Le dessin à la plume sur papier blanc, dessin qui a servi de modèle à la gravure, et dont les parties ombrées dans l'estampe sont exécutées avec un fin pointillé, fait partie de la collection de M. Eudoxe Marcille.

— 4 —

AMOURS DE PHROSINE ET MÉLIDORE.

Dans la tablette à gauche et à la pointe : *P.-P. Prud'hon inv. incidit.* Plus bas : *Quelle scène inouïe... Sa Phrosine étoit évanouïe.* Sous la tablette gravée au burin : *Prud'hon inv. incidit.*

(H. 21 c. — L. 14 c. 1/2.)

1er État. — Eau-forte pure. État rarissime. M. Clément ne connaît que trois épreuves d'eau-forte pure possédées par MM. Galichon, His de la Salle, Eudoxe Marcille. L'épreuve de M. Galichon vient d'être adjugée à sa vente 360 francs.

2me État. — Terminé au burin par Roger avec *P.-P. Prud'hon inv. incidit* à gauche sur la marge blanche et avant la tablette; les vers ne sont pas gravés. Une épreuve de cet état s'est vendue 41 francs à la vente du 2 mars 1874. Une épreuve à la marge encore mal nettoyée des salissures du cuivre, une épreuve merveilleuse existe dans la collection de M. His de la Salle.

3me État. — État semblable à l'état précédent, mais avec la tablette ajoutée. Le nom de Prud'hon à la pointe s'y trouve renfermé; les vers ne sont point encore gravés. Cet état est celui des estampes de l'édition de Bernard avec les figures dites avant la lettre. Une épreuve de cet état s'est vendue 23 francs à la vente du 2 mars 1874.

4me État. — Celui décrit avant la raie entre *Sa* et *Phrosine*.

5me État. — L'état précédent avec la raie.

6me État. — Le nom de Prud'hon à la pointe et la tablette ont disparu. On lit sur la marge blanche : *Dessiné et gravé par Prud'hon*. AMOURS DE PHROSINE ET MÉLIDORE.

Une réduction a été faite par Roger, elle porte à la pointe *P. P.-Prud'hon inv., B. Roger scul.* Un état d'eau-forte de cette réduction existe dans l'œuvre de Roger.

Un trait de la composition a été gravé par de Villers l'aîné.

Peinture. Une esquisse de cette petite composition (H. 27 c., L. 22 c.), peinture complétement désagrégée et presque détruite, appartient à M. Hyacinthe Firmin Didot.

— 5 —

LE DIRECTEUR RÉVEILLÈRE[1]

PAPE DES THÉOPHILANTHROPES.

(H. 16 c. 1/2. — L. 13 c. 1/2.)

Gravure, sans nom d'auteur ni de graveur, dans la marge au bas de laquelle on lit après l'inscription : *Ce burlesque Pontificat était placé dans le Directoire. Français de Nantes. Rapport des Onze.*

M. Villot n'admet pas cette pièce au nombre des gravures originales de Prud'hon, se basant sur la ressemblance du faire avec le pointillé de Copia. Je suis d'un sentiment tout contraire, et je crois, moi, que le pointillé de Copia et de Roger a été appris dans les dessins au pointillé de Prud'hon.

Dessin. Le portrait – charge pointillé à la plume sur papier blanc, fait partie de la collection de M. Eudoxe Marcille.

1. M. Eudoxe Marcille rejette l'attribution de la gravure; il croit que c'est un dessin caricatural à l'imitation des dessins du Vinci, dont on a fait un portrait–charge de la Réveillère-Lépeaux.

— 6 —

Buste d'Homme chauve.

(H. 10 c. — L. 7 c. 1/2.)

Sans nom de dessinateur ni de graveur.

L'homme est représenté de trois quarts tourné à droite. Il a le crâne entièrement dégarni avec de petits cheveux frisottants aux tempes ; sa bouche et son menton carré avancent dans les poils d'une moustache rare, d'une barbe laineuse.

Cette petite eau-forte exécutée, avec le travail et le gros pointillé du portrait du directeur Réveillère, fait partie de la collection de M. Laperlier. Elle est probablement unique.

— 7 —

UNE LECTURE.

Prud'hon inv. et del. *Lithographie de C. Motte.*

(H. 18 c. 1/2. — L. 15 c.)

Ier État. — Avant toutes lettres. Il n'y a guère dans cet état que des épreuves d'essai. J'ai vu chez M. His de la Salle une de ces épreuves qui a la jolie douceur d'un léger dessin à la plombagine : une épreuve dont il n'existe peut-être que quatre ou cinq. L'imprimeur ayant dû déclarer que la planche ne pourrait tirer. Une autre épreuve, presque de la même qualité, est dans la collection de M. Laperlier. Elle est curieuse, parce que pour son tirage on n'a pas fait les frais d'une feuille de papier blanc et qu'elle est imprimée au dos d'un costume de Mme Pradher dans la pièce de *Picaros et Diego*. Une épreuve de cet état s'est vendue 26 francs à la vente Villot, 1859. — 150 francs à la vente Galichon, 1875.

2me État. — Avant toutes lettres, mais avec les retouches à la plume lithographique, vendu 5 fr. 50 c. à la vente Villot. Une épreuve de cet état, avec de nouvelles retouches au crayon dans les endroits trouvés trop blancs, était vendue 3 fr. 50 c. à la même vente.

3me État. — Celui décrit. Vendu à la même vente 2 francs. — 13 francs à la vente du 2 mars 1874.

4me État. — Avec l'ajouté de . *Gazette des Beaux-Arts. Impr. Bertauts. Paris.*

Motte, l'imprimeur-lithographe, assurait à M. Villot que cette lithographie n'était pas entièrement de la main de Prud'hon. Il laissait croire que M. de Boisfremont, qui termina plusieurs tableaux vendus à la mort de Prud'hon, avait travaillé à la pierre.

Une copie portant pour titre : UNE PENSÉE, a été lithographiée en 1846 par Aubry Lecomte.

— 8 —

L'Enfant au chien.

Prud'hon inv. et del.

(H. 20 c. — L. 15 c.)

1er État. — Avant toutes lettres. Une épreuve de cet état vendue 15 francs à la vente Villot, 1859; — 26 francs, à la vente du 2 mars 1874.

2me État. — Avec, au bas à gauche : *Prud'hon inv. et del.*

3me État. — Avec l'ajouté au nom de Prud'hon de : *Gazette des Beaux-Arts. Impr. Bertauts. Paris.*

La pierre originale de cette lithographie, exécutée d'après le tableau représentant le fils du maréchal Gouvion Saint-Cyr et dans laquelle Prud'hon montre des qualités de lithographe de premier ordre, a été achetée 245 francs par M. Galichon en 1864, pour la *Gazette des Beaux-Arts*, à la première vente de Boisfremont. A la même vente a été également achetée par M. Galichon, au prix de 300 francs, la pierre originale de UNE LECTURE.

La peinture de ce portrait a été exposée sous le n° 1046, au Salon de 1822. Il a été réexposé à l'École des Beaux-Arts par M. le marquis de Gouvion Saint-Cyr, à qui il appartient.

On connaît plusieurs croquis et dessins de ce portrait.

— Première idée. Très-beau et très-hardi croquis au crayon noir et à la craie sur papier bleu du jeune Gouvion Saint-Cyr jouant au cerceau. Cette composition, dont l'idée fut abandonnée, fait partie de la collection du baron Dejean. Ce dessin provient de la vente Boisfremont 1870, où il s'est vendu 160 francs.

— Seconde première idée. Croquis de la qualité du précédent représentant le jeune Gouvion tenant dans ses bras le grand chien du portrait. Une hotte accrochée dans la verdure existe à la place du piédestal de la peinture définitive. Ce dessin appartient à M. Gariel. Ce dessin provient de la vente Boisfremont 1870, où il s'est vendu 265 francs.

— 9 —

UNE FAMILLE MALHEUREUSE.

A gauche sur le terrain : *P. Prud'hon.* — *Lithog. de G. Engelmann.* — *N° l'Album Journal.* En tête : *Salon de 1822, n° 1045.* Titre en anglaise.

(H. 15 c. — L. 10 c.)

1er État. — Avant l'inscription. Rare.

2me État. — Celui décrit avant les retouches à la fenêtre sur le fond. Une épreuve de cet état a été vendue 5 fr. 50 à la vente Villot, 1859; — 21 francs à la vente du 2 mars 1874; — 17 francs à la vente Carrier, 1875.

3me État. — La planche entièrement reprise avec un travail de traits à l'encre lithographique et avec le nom de
Prud'hon, mais sans inscription, ni titre, ni nom d'imprimeur. Une épreuve de cet état était vendue 2 fr. 50 c. à la
vente du 2 mar: 1874.

4me État. — Avec l'inscription : UNE FAMILLE MALHEU-
REUSE, entourée de traits de plume et avec le même titre que
la lithographie du deuxième état, mais avec l'adresse du
lithographe Engelmann remplacée par l'adresse du lithographe
Constant. Une épreuve de cet état a été vendue 7 fr. 50 c.
à la vente du 2 mars 1874.

Cette lithographie fut faite par Prud'hon pour l'*Album*
(n° du 10 mai 1822). Le tirage prc que entier fut arraché
des mains de l'épicier par le même marchand d'estampes qui
avait acheté l'ENLÈVEMENT D'EUROPE.

Une grande gravure au burin a été exécutée d'après le
tableau par Toussaint Caron avec le titre de : LA FAMILLE
INDIGENTE. Les épreuves avant la lettre portent dans la
marge, gravées à la pointe : *Prud'hon pinxit, Toussaint
Caron sculp.*

Une petite copie à l'aqua-teinte a été gravée par Dugelay.

Une copie en contre-partie a été lithographiée par M. Aubry Lecomte.

Peinture. Le tableau (H. 72 c., L. 54 c.)
de cette composition a été exposé sous le
n° 1045, au Salon de 1822. Il portait le titre
de « Une Famille dans la désolation. »
Le tableau *de l'invention de Mlle Mayer*,

commencé par elle et terminé par son maître et son amant, *par suite de sa mort funeste et trop imprévue,* a successivement appartenu à M. Odiot, à la duchesse de Berry, à la vente de laquelle il fut retiré à 15,000 francs. Il a été acquis depuis par M. le comte de Lariboisière qui l'a exposé aux Beaux-Arts.

Une esquisse de la composition (H. 26 c., L. 20 c.) a été achetée 1,200 francs par M. Odiot fils à la vente de Boisfremont, 1864.

On connaît plusieurs dessins avec lesquels Prud'hon, ainsi qu'il en avait l'habitude, aida l'inspiration et l'ébauche du tableau de sa maîtresse.

— Première idée. Un croqueton sur papier bleu de la grandeur d'un dessus de tabatière nous initie à l'embryon de la toute première composition, abandonnée depuis. La scène en largeur se passe dans une chambre et non dans une mansarde. Au lieu d'un mourant soutenu par une femme, c'est une mourante soutenue par un jeune homme. Le groupe des jeunes enfants est disposé différemment. Ce croquis appartient à Mme Aubry-Vitet. Il a été payé 40 francs à la vente de Boisfremont, 1864.

— Deuxième première idée. Petit croquis sur papier bleu de la composition en hauteur, appartenant à Mlle Denain. Il a été payé 500 francs à la vente de Boisfremont, 1864.

— Dessin terminé. Beau et grand dessin exécuté au crayon noir et à la craie sur papier jaune, gardant la liberté d'un premier et large travail. Ce dessin a été acheté 515 francs à la vente Laperlier par M. Eudoxe Marcille. M. Laperlier avait acquis ce dessin de Mme Power au prix de 200 francs.

— 10 —

Mme Jarre.

Sans nom d'auteur ni de lithographe.

Mme Jarre est représentée presque de face, vêtue d'une robe blanche décolletée dont les manches et le corsage sont rayés de fils d'or ; elle porte dans les cheveux une couronne de fleurs des champs.

Le faire de cette lithographie, dont aucun filet n'arrête les dimensions, la fait, selon moi, très-justement attribuer au Maître.

M. Eudoxe Marcille regarde l'épreuve qu'il possède comme unique.

Le portrait peint (H. 65 c., L. 55 c., forme ovale), fut exposé sous le n° 1048 au Salon de 1822. Il a été donné en 1846 au Musée du Louvre par Mme Jarre, pour se conformer au vœu exprimé, avant sa mort, par M. Jarre, ancien élève de Vincent.

Une esquisse de la même dimension que le portrait du Louvre, et où les traits flottent dans un nuage violacé, appartient à M. Jadin. Elle a été achetée 430 francs à la vente de M. Laperlier. M. Laperlier l'avait acquise de M. de Boisfremont moyennant la somme de 250 francs.

Dessins. Première idée. Un petit croquis de forme ovale, dessin au crayon noir rehaussé de craie sur papier bleu, appartient à Mme Guilluy, fille de Mme Jarre.

— Un autre croqueton rehaussé de ce portrait a été acheté 22 francs par M. Didier à la vente de Boisfremont, 1864.

— II —

Mme Navier.

Sans nom d'auteur ni de lithographe.

Mme Navier est représentée en robe décolletée; elle est coiffée en papillotes avec un bandeau d'or dans les cheveux.

Cette lithographie, dont aucun filet n'arrête les dimensions et d'un faire pareil au faire de la lithographie de Mme Jarre, est beaucoup moins rare que le numéro précédent. J'en connais une épreuve au cabinet des Estampes, une autre chez M. Eudoxe Marcille, une autre chez M. Laperlier.

Le portrait peint (H. 61 c., L. 51 c.) a été exposé sous le n° 1049 au Salon de 1822.

Un passage d'une lettre de Prud'hon, publiée par les *Archives des Arts,* et que M. Clément croit écrite vers 1780, lettre adressée au baron de Joursanvault, indique d'une manière très-positive que l'artiste a gravé, pendant sa jeunesse, quelques pièces à l'eau-forte pour son protecteur. Voici le passage de cette lettre : « Voulez-vous me permettre de vous dire, Monsieur, que vous me flattez un peu trop, soit au sujet du tableau que je vous ai fait, soit à celui des gravures *que j'ai eu* ou que j'aurai l'honneur de vous faire ? » Malheureusement, jusqu'à ce jour, aucun collectionneur n'a pu mettre la main sur ces pièces — peut-être tirées à deux ou trois exemplaires — et qui ont bien pu périr.

Quelques estampes, attribuées à Prud'hon, manquent de preuves assez probantes pour les donner avec certitude au Maître.

Une vignette sans nom de peintre et de graveur, représentant des Amours sous des palmiers et composée pour la méthode de basse de M. de Joursanvault, serait, d'après la tradition, une composition de Prud'hon gravée par lui-même. Cette vignette appartient au docteur Michaud de Beaune.

Une autre pièce m'a été aimablement communiquée par M. Dusseigneur. C'est sur la même planche deux essais à l'aqua-teinte dans le genre anglais. L'essai de droite représente un buste de femme, l'essai de gauche, une femme à genoux appuyée sur une cruche dans un bois. En dépit de la mention : *Prud'hon aqua forti,* mise au bas de ce dernier, je ne trouve rien de la main de Prud'hon dans ces deux petites gravures. Je dirai plus, je ne reconnais pas dans ces deux compositions le caractère du dessin du Maître.

Enfin M. Eudoxe Marcille conserve dans ses cartons une gravure au burin d'après Poussin, « un Mars désarmé par Vénus », que le fils de Prud'hon assurait avoir été gravé par son père. Pour moi, j'ai une certaine peine à croire que jamais Prud'hon ait été un faiseur de tailles aussi académiques que le graveur de cette planche.

PORTRAITS.

PORTRAITS DONT ON A LA PEINTURE OU L'ESQUISSE.

Gagnerot, dit Poulotte.

Un portefaix de Beaune représenté en pied, de face, légèrement tourné à gauche.

Peinture. Ce petit-portrait qui ressemble à la copie enfantine d'un truand de Teniers, porte la date intéressante de 1778. Il aurait été peint par Prud'hon à l'âge de vingt ans. Ce portrait appartient à M. Marville.

L'abbé Besson.

Le protecteur de l'enfance de Prud'hon est représenté la tête de trois-quarts tournée à droite. Il est en soutane et en rabat.

Peinture. Ce portrait (H. 53 c., L. 43 c.), exécuté à la cire en 1788, fait partie de la collection de M. Eudoxe Marcille.

———

M. Gauthier La Chapelle.

L'auditeur à la chambre des comptes de Bourgogne est représenté en habit noir à grand collet rabattu sur les épaules.

Peinture. Ce portrait (H. 63 c., L. 50 c.), dans la manière du portrait du curé Besson, et qu'on dit avoir été exécuté à Dijon en 1788, appartient à M. Cabuchet, sculpteur.

———

Gauthier La Chapelle.

Il est représenté vu de trois quarts tourné à gauche. Il est en cravate blanche, en gilet blanc et porte un habit vert-olive. La main gauche n'est pas terminée.

Peinture. Ce portrait (H. 285 mill., L. 226 mill.), peint en 1801 à Paris, appartient à son fils M. Gauthier.

———

M. Landel.

Portrait d'un manufacturier dijonnais dont la trace est perdue et que M. Clément dit avoir été peint par Prud'hon dans son passage à Cluny, en revenant de Rome, pour deux couvertures de laine de sa fabrique.

L'Abbé Barbier.

L'abbé est représenté la tête vue de trois quarts tournée à droite. Il est en soutane et en rabat avec les cheveux poudrés.

Peinture. Ce portrait appartient à Mme Tainturier.

François Devosge.

Le professeur de Prud'hon est représenté nu-tête, les cheveux poudrés, en habit de velours noir avec manchettes et jabots. Il est assis dans un fauteuil de velours bleu, tenant un carton sur lequel il dessine.

Peinture. Ce portrait à mi-corps (H. 80 c.,

L. 64 c.) a été légué, en 1850, au Musée de Dijon par le testament de M. Anatole De-vosge.

———

M. Musard.

M. Musard est représenté de trois quarts tourné à gauche. Il a une cravate blanche, un gilet à raies bleues et noires, un habit brun.

Peinture. Ce portrait, de forme ovale (H. 63 c., L. 49 c.), fait partie du Musée de Dijon, où il figure sous le n° 181. C'est un don fait à la ville par Mmes Morland et Drevon, filles de M. Musard.

———

M. Fontaine, doreur des Musées.

M. Fontaine est représenté de face, en che-veux longs sans poudre. Il est en cravate blanche, en jabot, en habit marron.

Peinture. Ce portrait, de forme ovale (H. 68 c., L. 50 c.), signé *P.-P. Prud'hon 1793,* peinture blonde et chaude, appartient à Mme la baronne de la Tournelle. Il a été acheté

600 francs par M. Fichel à la vente Laperlier. M. Laperlier l'avait payé 300 francs.

———

Mme la duchesse de Polignac[1].

La gouvernante des Enfants de France est représentée appuyée sur un berceau. Elle est coiffée d'un pouf surmonté de deux plumes blanches; elle porte une robe à raies bleues dont le corsage est presque entièrement caché par un fichu menteur noué par derrière à la taille.

Peinture. Ce portrait, grandeur nature, d'une exécution un peu dure et pas très-prudhonienne, fait partie de la collection de M. Camille Marcille. Ce portrait a été acheté par M. Marcille père, d'un nommé Turbry, violon de l'Opéra, qui était en même temps brocanteur de tableaux.

1. Le nom a été donné au portrait un peu sur la ressemblance de la peinture avec le portrait gravé de Mme Lebrun, et beaucoup à cause du riche berceau qu'elle a derrière elle. Remarquons que la femme peinte par Prud'hon est blonde, tandis que Mme de Polignac était une brune aux yeux bleus.

———

Mme Copia.

La femme du graveur de Prud'hon est re-présentée à mi-corps, la tête de face. Elle est assise les jambes dirigées vers la droite avec les deux mains allongées et posées sur un genou. Elle a un vestinquin bleu, un fichu débou-tonné, montrant la chair de sa poitrine, et sur la tête un petit chapeau de paille à forme haute garni de coques blanches.

Peinture piquante, toile aux chairs un peu bitumineuses. Elle est signée et datée sur le dossier de la chaise : *P. Prud'hon 1792.* Ce portrait (H. 1 mèt., L. 80 c.) a été exposé au Salon de 1793 sous le n° 270 et est décrit en ces termes : « Portrait de femme » (3 pieds sur 2 pieds 4 p.). » Cette toile, achetée par M. d'Harcourt aux héritiers de la famille Copia, a été adjugée au prix de 9,050 francs à sa vente.

Ce portrait appartient aujourd'hui à M. Bis-schoffheim.

Le citoyen C. (Constantin.)

Peinture. Portrait exposé sous le n° 388 au Salon de l'an V. Le livret dit que le temps n'a pas permis de terminer les mains ni les vêtements. On ignore ce que ce portrait est devenu.

———

Mme Constantin.

La femme de Constantin, l'ami intime de Prud'hon et le conservateur des tableaux de l'impératrice Joséphine, est représentée en buste, les mains croisées sur le ventre. La tête, de trois quarts, est coiffée d'un mouchoir dont une corne tombe à droite. Elle a un fichu blanc, une robe bleuâtre.

Peinture. Ce portrait, de la grandeur d'un tiers de nature et assez médiocre, appartient à M. Auguste Constantin.

———

Mme Simon.

Mme Simon, née Dunbier, est représentée

de trois quarts, tournée à gauche, la tête enveloppée par-dessus le bonnet, dans un voile de
mousseline faisant fanchon. Elle est revêtue
d'une pelisse violette bordée de fourrures
blanches.

Peinture. Ce portrait (H. 81 c., L. 64 c.),
très-étudié et où les rides de la vieillesse sont
rendues à la manière d'un Denner, appartient
à M. Fauconnier.

Mme Roland [1].

La femme représentée en buste dans ce
tableau est vue de face. Elle est coiffée de
cheveux frisottants relevés et retombant le
long du cou en deux longues boucles. Elle est
décolletée dans une robe de satin rayé, sur
laquelle est jeté un fichu de gaze, à travers
lequel se voient les rayures de la robe et le
rose du bout des seins.

Peinture. Ce portrait, précieusement caressé dans une agréable tonalité orangée,
appartient à la comtesse Duchatel.

1. Rien ne semble justifier cette attribution. Il en est de
même pour un portrait d'André Chénier, publié par l'*Artiste*,
que je ne crois pas même gravé d'après un Prud'hon.

Voir aux miniatures, la miniature appartenant à M. Maherault.

———

M. Anthony.

M. Anthony est représenté de face, la tête
un peu tournée à droite, une main sur la
hanche, l'autre passée dans la bride de son
cheval. Il est en tricorne, en gilet rouge, en
culotte de peau, en habit bleu à boutons de
métal.

Peinture. Ce portrait (H. 96 c., L. 81 c.)
est d'une exécution un peu noire.

———

Mme Anthony et ses enfants.

Mme Anthony est représentée la tête tournée
vers le spectateur, et tenant entre ses bras,
pressée contre elle, une petite fille montée
sur le marbre d'une table. Elle est vêtue d'une
robe blanche, et a sur la tête un chapeau aux
rubans roses. A sa droite, un petit garçon
souriant montre sa sœur, un doigt en l'air.

Peinture. Ce beau et franc portrait (H. 96 c.,

L. 81 c.) aux duretés à la Goya, est signé :
P. Prud'hon 1796.

Ce portrait et celui de M. Anthony sont conservés dans la famille à Dijon.

Nicolas Bornier.

Le professeur de sculpture à l'école de Dijon, et l'ami de Prud'hon, est représenté vu de trois quarts tourné à droite. Il est en habit brun, la chemise entr'ouverte.

Peinture. Ce portrait (H. 42 c., L. 32 c.) figure au Musée de Dijon sous le n° 180 du catalogue de 1869. C'est un don fait, en 1847, par M. Fevret de Saint-Memin, qui le tenait des héritiers Bornier.

Mme Bornier.

La femme de l'ami de Prud'hon est représentée en buste, vue de face. Elle a la figure encadrée de ses cheveux coupés à la bretonne sur le front, et par-dessus le liséré de dentelle d'un bonnet, elle est coiffée d'un petit chapeau rond en fourrure brune. Un ample fichu menteur se croise sur son cou et couvre sa poitrine.

Peinture. Charmant et étrange portrait fait avec ce faire caressé, cette transparente pâte sèche qu'employa un temps Prud'hon, et qui donnent à ses portraits ainsi exécutés une originalité tout à fait particulière.

Ce portrait (H. 40 c., L. 32 c.) fait partie de la collection de M. Camille Marcille. M. Marcille père avait eu la bonne fortune de l'acheter moyennant une somme de 300 francs et une copie faite par Chocarne.

Mlle de Vellefry.

Mlle de Vellefry, à l'âge de huit ans, est représentée vue de face, les cheveux retenus par un ruban et flottants. Elle est habillée d'une robe blanche.

Peinture. Ce portrait, sans grand accent, appartient à M. Grangier, neveu de Mme d'Arestel, née Vellefry.

Mlle Lagnier.

Elle est représentée en robe jaune décolletée, les bras nus, un ruban blanc dans les cheveux. Debout près d'un guéridon, elle tient sur une main un oiseau auquel elle donne à manger.

Peinture. Le portrait peint à Gray en 1796 est exposé au Louvre. C'est un don fait en 1864 par la famille Versigny dans laquelle était entrée Mlle Marie-Marguerite Lagnier.

———

M. Cabuchet père.

Le médecin Cabuchet est représenté de trois quarts, tourné à droite. Il est en cravate blanche et porte un habit bleu à boutons de métal.

Peinture. Ce portrait (H. 32 c., L. 27 c. bois), peint en brumaire de l'an IX, appartient à M. Cabuchet fils, sculpteur.

———

— 12 —

M. Viardot.

Prudhon fils sculp.

Gravure en ovale, au pointillé, de la tête seule. Publiée sans aucun nom, cette tête a passé longtemps pour un portrait de Prud'hon.

1ᵉʳ État. — Avant toutes lettres. Une épreuve de cet état était vendue 20 francs à la vente Carrier, 1875.

2ᵐᵉ État. — Celui décrit avec le nom de Prud'hon, à droite sous l'ovale.

Une répétition plus petite et fort inférieure existe. Elle porte d'un côté de l'ovale : *Prudhon pˣ*, de l'autre *J. P. fils, sculp.*

M. Viardot est représenté de face, assis de côté sur une chaise, sur le dossier de laquelle une de ses mains retombe ; tandis que l'autre est posée ouverte sur son genou. Il est poudré et habillé d'un habit bleu.

Peinture. Ce portrait (H. 94 c., L. 79 c.) appartient à M. Louis Viardot. Il a été peint en 1798, dans le petit château de Belleneuve, à quelques lieues de Dijon. M. Louis Viardot se rappelle s'être souvent assis sur la chaise à dossier doré qu'a peinte le peintre dans le portrait de l'ami qui le mit en rapport avec M. Frochot.

Mme Viardot.

Mme Viardot est représentée assise, les jambes tournées à gauche, la tête vue de face et un peu renversée. Elle a entre les bras, grimpé sur ses genoux, un enfant dont la tête s'appuie contre sa poitrine. Elle est habillée d'une robe verte rayée d'or, et sur ses cheveux blonds légèrement poudrés, est plié, à la mode romaine, un mouchoir de soie blanche.

Peinture. Ce portrait (H. 94 c., L. 79 c.) plein d'une haute élégance est dans la collection de M. Louis Viardot.

Antoine-Jean Gros.

Le peintre des *Pestiférés de Jaffa*, debout, la tête de trois quarts, tournée à droite, est représenté tenant une palette et des pinceaux. Il est coiffé *à la chien*, a le cou entouré d'une cravate blanche d'incroyable, porte un habit brun à collet très-haut.

Peinture. Ce portrait (H. 90 c., L. 70 c.), dont les mains sont inachevées, est accepté par les experts les plus autorisés, comme une peinture de la jeunesse de Prud'hon.

Il appartient à M. le comte de la Beraudière, qui l'a acquis de M. Delange. Il a été exposé aux Alsaciens-Lorrains.

———

M. de Mesmay.

L'ancien président du parlement de Besançon est représenté de trois quarts, tourné à gauche. Il est assis dans un parc, la main droite appuyée sur le rebord d'une terrasse, la main gauche posée sur le cou d'un chien danois. Il est cravaté de blanc et vêtu d'une redingote olive.

Peinture. Ce portrait (H. 1 m. 15 c., L. 92 c.), une des plus franches peintures de Prud'hon, avec, dans la tête, d'admirables passages des tons roses aux demi-teintes verdâtres, est signé : *P. Prud'hon, 1807.* Il a été exposé au salon de 1808 sous le nº 486. Il provient des ventes Prud'hon, Power, Boisfremont. A cette dernière vente il a été acheté 3,000 francs par M. Dalloz.

Dessin. Première idée. Vaillant et libre croquis sur papier gris, tout lumineux de craie. Il fait partie de la collection de M. Eudoxe Marcille.

Mme de Beauharnais.

(Portrait différent des portraits suivants.)

Portrait de l'impératrice Joséphine, dont le bras gauche, la main droite, les draperies n'étaient pas achevées, vendu sous le n° 16 à la vente de Prud'hon en 1823.

C'est un portrait qui, d'après les souvenirs de M. Eudoxe Marcille, aurait été vendu, par mégarde, à la vente de son père.

— 13 —

JOSÉPHINE

IMPÉRATRICE DES FRANÇAIS.

Prudhon pinx^t.   *Blanchard fils sculp^t.*

Portrait représentant l'impératrice Joséphine, assise sur un banc, dans les jardins de la Malmaison.

1ᵉʳ État. — Avant la lettre. Une épreuve chez M. Maherault.

2ᵐᵉ État. — Celui décrit. Cette planche, publiée par l'*Artiste*, se vendait 3 fr. 25 c. à la vente d'Alphonse David, 1859.

Une vignette dessinée d'après l'original, par Massard, a été gravée par Hopwood.

Peintures. Le portrait en pied (H. 2 m. 10 c., L. 1 m. 65 c.) est aujourd'hui exposé dans la salle où sont les tableaux sous séquestre.

Ce portrait avait été proposé, pendant que l'empereur était à Ham, pour 8,000 francs à M. Marcille père.

L'esquisse, grasse petite ébauche, de la dimension d'une grande carte de visite, appartient à M. Alfred Sensier. C'est sans doute la petite esquisse vendue 305 francs à la vente de Jules Renouard, le 19 mai 1855.

Dessins. Première idée. Croquis d'une idée toute première, où l'impératrice est représentée marchant une fleur à la main. Ce dessin fait partie de la collection du prince Alexandre Soutzo. C'est le dessin, je crois, acheté 800 francs par M. de Norzy à la vente de Boisfremont, 1870.

— Seconde première idée. Composition de l'impératrice assise sur un banc, ainsi qu'elle est représentée dans la composition définitive, mais composition en hauteur, à laquelle a été substituée la composition en largeur. Ce croqueton fait partie de la collection de M. Camille Marcille.

— Croquis au crayon et à la craie, sur papier bleu, de l'impératrice assise, les jambes croisées, tournée à droite et tenant une couronne de fleurs. La pose a été abandonnée dans la composition toute définitive. Ce croquis appartient à M. Sensier. C'est, je crois, le dessin payé 480 francs par M. Norzy à la vente de Boisfremont, 1870.

— Première idée de la composition définitive. Brouillon sur papier bleu, vivement balafré de blanc et de noir, faisant partie de la collection de M. Alfred Sensier.

— Dessin plus avancé, au crayon noir et à la craie sur papier bleu, où l'impératrice est représentée, les jambes allongées à gauche, la tête appuyée sur son bras replié. Ce charmant dessin fait partie de la collection de M. Alfred Sensier. Je crois que c'est le dessin payé 700 francs par M. Norzy à la vente de Boisfremont, 1870.

— Étude de la tête. Portrait très-étudié au crayon noir et à la craie, sur papier bleu, de la tête de l'impératrice, grandeur nature. Ce dessin appartient à Mᵐᵉ Herbelin.

— Étude de la tête. Pastel (H. 42 c., L. 43 c.).
C'est la tête d'étude de Mme Herbelin, colorée aux
crayons de couleur. Ce pastel, une des choses peintes
par Prud'hon dans les colorations les plus fraîches,
les plus délicates, et qui provenait de la vente
Huzard, a été retiré par M. Laperlier à 1,640 francs
à sa vente. M. Laperlier l'avait acheté 1,800 francs de
M. Huzard.

— Fragment. Une étude de bras de Joséphine
a été achetée 115 francs par M. Paul Perier à la vente
Boisfremont, 1864.

L'impératrice Joséphine.

(Portrait différent des deux portraits précédents.)

L'impératrice est représentée en buste, vue
de trois quarts. Elle est habillée d'une robe
noire, a le cou entouré d'une collerette blanche, est coiffée en cheveux.

Peinture. L'esquisse forme ovale (H. 60 c.,
L. 40 c.) a été achetée 7,050 francs par lord
Hertford à la vente de Boisfremont, 1864.

Dessin. L'étude au crayon noir et à la craie sur
papier bleu de la tête (H. 32 c., L. 22 c.) a été

achetée 1,010 francs par M. Michaud à la même vente.

———

La princesse Bacciocchi

Duchesse de Lucques et Piombino.

Peinture. Esquisse (H. 55 c., L. 44 c.) grandeur nature, à peine recouverte, appartenant à M. Rouart. C'est le n° 49 de la vente Laperlier; achetée par M. Rouart 480 francs. M. Laperlier l'avait acquise de M. Brame moyennant la somme de 700 francs. La certitude n'est pas acquise que cette esquisse de Prud'hon soit un portrait de la princesse Bacciocchi.

———

Portrait d'une princesse Bonaparte.

Peinture. Esquisse. Tête vue presque de face avec une indication du haut des épaules. Cette tête dont l'original n'est pas positivement connu, cette tête préparée en grisaille sur fond rouge est du plus haut intérêt par la connaissance intime qu'elle donne des procédés de Prud'hon.

Cette esquisse, qui a appartenu au marquis Maison, fait aujourd'hui partie de la collection de M. Eudoxe Marcille.

———

— 14 —

CHARLES-MAURICE DE TALLEYRAND PÉRIGORD

Prince et duc de Bénévent, vice-grand Électeur de l'Empire.

Peint par P. Prud'hon.   *Gravé par J.-B. Chapuy.*

Le prince est représenté en pied, la main
droite appuyée sur une table recouverte d'un
tapis rouge. Il est en habit, culotte, manteau,
bleus, brodés d'argent.

Le buste seul du portrait a été gravé.
1er État. — Avant la lettre avec les armes.
2me État. — Celui décrit.

Peinture. Ce portrait, grandeur nature,
exécuté en 1809 et qui a beaucoup souffert,
est la propriété du duc de Valençay.

———

Le prince de Talleyrand.

Le prince est représenté en pied, appuyé sur un socle portant le buste de Napoléon, tenant d'une main un chapeau à plumes. Il est en grand costume officiel, en habit et en manteau de cour rouges.

Peintures. Ce portrait (H. 212 c., L. 138 c.) grandeur nature, signé : *P. P. Prud'hon, 1807,* fait partie de l'hôtel Carnavalet. Il a été payé 5,000 francs à la vente Laperlier, 1867. M. Laperlier l'avait acquis de Mme veuve Power pour la somme de 1,100 francs.

Une petite esquisse d'une très-puissante coloration, et où une statuette de Minerve se voit à la place du buste de Napoléon, appartient à M. Rothan.

Dessin. Première idée. Croquis vivement charbonné sur papier bleu, faisant partie de l'hôtel Carnavalet. Ce dessin a été acheté par M. Pelée 220 francs à la vente de Laperlier, 1867. M. Laperlier l'avait payé 100 francs à Mme Power.

Le prince de Talleyrand.

Le prince est représenté en pied, appuyé à un piédestal et tenant son chapeau d'une main. Il est en habit vert, en culotte noire, en bas de soie blancs.

Peinture. Ce portrait, grandeur nature, exécuté en 1809 et qui a beaucoup souffert, est la propriété du duc de Valençay.

— 15 —

S. A. LE TALLEYRAND PÉRIGORD
PRINCE DE BÉNÉVENT
Président du gouvernement provisoire de France.

Gravé d'après le tableau original peint par Prud'hon.

Mauvaise gravure, sans nom de graveur, qui représente, de la manière la plus incomplète, ce portrait en buste.

Le prince est représenté à mi-corps, les cheveux poudrés, en habit vert sur lequel est attachée une plaque de brillants.

Peintures. La toile (H. 63 c., L. 53 c.) appartient au comte de Paris. Elle a figuré, l'année dern ère, à l'exposition des Alsaciens-Lorrains.

L'esquisse (H. 32 c., L. 24 c.), très-habilement touchée et de la couleur la plus harmonieuse, fait partie de la collection de M. Eudoxe Marcille. Elle provient de la vente du comte d'Houdetot.

La princesse de Courlande

Duchesse de Talleyrand, duchesse de Sagan [1].

Peinture. Ce portrait fait partie de la collection de son fils, le duc de Valençay.

---

1. Une lithographie sans nom de peintre, exécutée par N.-H. Jacob, dessinateur de S. A. R. le prince d'Eichstadt, reproduit les traits charmants de cette célébrité de l'Empire. Coiffée d'un cachemire qui encadre sa tête d'une élégante marmotte, le menton appuyé sur le dos de sa main, la princesse est assise sur un canapé à col de cygne. La grâce de l'ajustement, l'harmonie de la pose, la flexion même de ce col de cygne dessinant le bras du canapé, me font supposer, sans que ma supposition repose sur aucune autorité, que Prud'hon pourrait bien être pour un croquis dans ce portrait.

— 16 —

SA MAJESTÉ LE ROI DE ROME.

Prud'hon pinxit. 1811.   *Achille Lefebvre sculp.* 1825.

Dans la marge, une femme lève un voile qui couvre son enfant endormi.

1ᵉʳ État. — Eau-forte dans laquelle l'enfant impérial est encore laissé en blanc. Cet état est dans la collection de M. Laperlier.

2ᵐᵉ État. — Avant la lettre. — Une épreuve de cet état était vendue 8 fr. 50 c. à la vente Alphonse David, 1859.

3ᵐᵉ État. — Celui décrit.

4ᵐᵉ État. — Le sujet de la marge gratté et remplacé par cette inscription : GRAVÉ D'APRÈS LE TABLEAU ORIGINAL, chez CHAILLOU POTRELLE.

Un trait gravé (570 du Salon de 1812) a été exécuté par Normand fils.

Peintures. Le portrait original a été exposé sous le n° 743 au Salon de 1812. En 1844, ce portrait était placé dans les appartements de l'archiduchesse Marie-Louise de Parme.

Une petite esquisse de l'enfant impérial couché à terre dans ses langes, esquisse de la plus belle couleur, appartient à M. Hauguet.

Une toute petite esquisse encore plus claquante, et où la draperie rouge est couverte de fleurs de lys d'or, fait partie de la collection de M. Camille Marcille.

M. V.[1]

Peinture. Ce portrait a été exposé sous le n° 744 au Salon de 1812. On ignore ce qu'il est devenu.

Le comte de Sommariva[2].

Le comte de Sommariva est représenté assis dans un parc, tenant entre les doigts de sa main gauche un livre entr'ouvert, la main droite posée sur un genou.

Peintures. Le portrait exposé au Salon de 1814 a été légué au musée de Milan.

Blonde petite esquisse baignant dans le fluide d'or d'un soleil couchant, appartenant à M. Rothan.

1. La date où a été peint M. Viardot me fait supposer que ce portrait n'est pas celui de l'ami de Prud'hon.

2. On ne peut vraiment classer ce portrait parmi les portraits gravés, sous le prétexte qu'un détestable petit trait gravé de la tête a été exécuté par Frémy.

Une esquisse peinte sur papier de ce portrait, où M. de Sommariva est assis sur des débris d'architecture (H. 177 mil., L. 127 mil.), était dans la collection de M. Carrier.

Dessins. Première idée. Croqueton minuscule qui n'est que la recherche et l'indication de la pose, appartenant à Mme Amélie Basset. Je crois que c'est le croquis vendu à la vente Laperlier 36 francs.

— Franc croquis au crayon noir et à la craie sur papier bleu, avec variantes dans le paysage. Ce dessin (H. 26 c., L. 20 c.) fait partie de la collection de M. Eudoxe Marcille.

— Croquis plus avancé sur papier bleu, où le mouvement de la main droite, qui se perdait entre les cuisses, a été remplacé par le mouvement de la peinture. Ce dessin fait partie de la collection de M. Camille Marcille.

— Fragment. Étude d'après la statue de Canova peinte dans le portrait. Croquis au crayon noir et à la craie sur papier bleu, appartenant à M. Marmontel. Ce dessin a été acheté 130 francs par Baroilhet à la vente de Boisfremont, 1864.

Le maréchal Moncey.

Tête du maréchal vue de face, sortant d'un collet rouge brodé d'or.

Peinture. Cette esquisse (H. 55 c., L. 46 c.) traitée à la manière des pastels de Prud'hon, et où le masque seul est terminé, appartient à M. le marquis de Gramont. Elle provient de la vente de Boisfremont, 1864, où elle a été achetée 300 francs.

La maréchale Lannes
Duchesse de Montebello.

La maréchale est représentée en buste, vue de face. Elle est coiffée d'un bonnet où des roses blanches se mêlent à la dentelle dont les barbes sont nouées sous le menton. Un châle jaune enveloppe ses épaules.

Peinture. Ce charmant portrait de la jeunesse de la maréchale (H. 55 c., L. 46 c.) appartient à Mme la marquise Alfred de Montebello.

Mme Dufresne.

La femme du marchand de tableaux est représentée en pied, assise dans un parc, les jambes croisées à droite, les mains posées sur les genoux; elle est vêtue d'une robe blanche décolletée, une écharpe jaune tombée en travers de ses jambes.

Peinture. Petite esquisse un peu noirâtre, appartenant à M. Jeanne Deslandes. Cette esquisse (H. 23 c., L. 16 c.) provient de la vente de Boisfremont, 1870, où elle a été payée 310 francs par M. Norzy.

Dessins. Première idée. Croquis au crayon noir et à la craie, sur papier bleu, appartenant à M. Eugène Lecomte. Il provient de la vente de Boisfremont, 1870, où il a été payé 405 francs.

— Croquis plus avancé au crayon noir et à la craie, sur papier bleu, avec quelques changements et en largeur, appartenant à M. Alfred Sensier.

C'est le dessin qui a été exposé aux Beaux-Arts comme un portrait de l'impératrice Joséphine sous le n° 118.

Mlle Raucourt.

Un portrait peint de la tragédienne, coiffée et habillée dans le costume du temps, a été acheté 25 francs 50 cent. par Constantin, sous le n° 18 à la vente de Prud'hon, 1823.

On ignore ce que ce portrait est devenu.

La comtesse de Lezay-Marnesia.

La comtesse est coiffée en boucles légères lui retombant sur le front. Elle a sur les épaules un cachemire rouge, dont sa main droite ramène un coin devant elle.

Peinture. Le portrait (H. 60 c., L. 48 c.) appartient à M. le marquis de Lezay-Marnesia, à Nancy.

— 17 —

Mlle Mayer.

J. G. (J. de Goncourt).

1er État. — Eau-forte pure.

2me État. — Avec renforcement de pointillé et de petites tailles.

3me État. — La planche poussée à l'effet avec le cadre arrêté, et portant à gauche J. G., 36.

4me État. — Au-dessous du filet d'en bas, gravé à la pointe : *Imp. Delâtre Paris.* C'est l'état de la planche telle qu'elle a paru dans le Prud'hon de *l'Art du* XVIIIe *siècle.*

Peinture. On ne connaît pas de peinture terminée de ce portrait de la maîtresse de Prud'hon, représentée les cheveux dépeignés, un petit châle vert jeté sur ses épaules nues.

La petite et merveilleuse esquisse (H. 20 c., L. 16 c.) qui existait dans la collection Laperlier a été achetée à la vente de la collection 2,100 francs par le marquis Maison. M. Laperlier l'avait acquise de M. de Boisfremont pour la somme de 1,000 francs.

Bruun Neergaard.

Il est représenté en habit noir et en cravate blanche ; la tête, vue de trois quarts, est tournée à gauche.

Peinture. Ce portrait (H. 46 c., L. 38 c.) figure au Louvre sous le n° 461. Il a été acquis en 1849 de M. de Baillemont pour la somme de 1,000 francs.

Mme la comtesse de Lariboisière.

Mme la comtesse de Lariboisière est représentée à mi-corps, assise sur une chaise, tournée à droite, la tête vue de trois quarts. Elle est habillée d'une robe décolletée de couleur rouge, et porte dans les cheveux une guirlande de raisins et de groseilles.

Peinture. Ce portrait (H. 75 c., L. 60 c.), où malheureusement les noirs des dessous ont percé dans toutes les ombres portées, est la propriété de M. le comte de Lariboisière.

Dessin. Première idée. Un premier croquis librement fait au crayon noir, relevé de craie sur papier bleu, appartient à M. le comte de Lariboisière.

— 18 —

Boursaint.

A. Maurin 1834.   *Prud'hon pinx.* 1816.

M. Boursaint est représenté vu de trois quarts, le regard tourné à gauche, les cheveux relevés en toupet sur le front. Il porte une cravate blanche, un gilet blanc, une redingote noire.

Rare lithographie imprimée par Lemercier, faisant partie d'une publication consacrée par la famille à la mémoire de M. Boursaint, conseiller d'État, membre du Conseil d'amirauté, directeur au Ministère de la Marine et des Colonies. Cette brochure, imprimée par Éverat et tirée à 200 exemplaires, n'a pas été mise dans le commerce.

Mme la comtesse de P.

Peinture. Ce portrait a été exposé sous le n° 624 au Salon de 1817. On ignore ce qu'il est devenu.

Le fils de M. le comte de L.

Peinture. Ce portrait a été exposé sous le n° 625 au Salon de 1817. On ignore ce qu'il est devenu.

M. Dagoumer.

Le médecin de Prud'hon est représenté en buste. Il tient de la main gauche un papier, de l'autre une plume. Il a les cheveux grisonnants. Il est en cravate blanche et porte un habit bleu.

Peinture. Ce portrait (H. 61 c., L. 50 c.), signé : *P.-P. Prud'hon,* a été exposé sous le n° 923 au Salon de 1819.

Ce portrait, légué par Dagoumer à sa servante, fut acheté par le marchand de tableaux Roehn père, moyennant une rente viagère servie pendant de longues années. Roehn le vendait 2,000 francs à M. Laperlier. A la vente de M. Laperlier, ce portrait ne montait qu'à 440 francs. Il est aujourd'hui la propriété de M. Dugleré.

Le fils de M. le baron de C.

Peinture. Ce portrait a été exposé sous le n° 924 au Salon de 1819. On ignore ce qu'il est devenu.

Mme Pean de Saint-Gilles.

Mme Pean de Saint-Gilles, presque vieille, est représentée à mi-corps, vue de face. Elle est coiffée d'un turban de cachemire blanc ;

sa main gauche retombe sur le dossier de la chaise sur laquelle elle est assise.

C'est le portrait exposé, sous le n° 1047, au Salon de 1822.

Peinture. Ce portrait (H. 72 c., L. 59 c.), de la plus belle qualité du Maître, et dont les chairs ont comme la caresse et le flou d'un pinceau flamand, est la propriété de M. Louis Passy, petit-fils de Mme Pean de Saint-Gilles.

Dessins. Première idée. Un croquis au crayon noir, rehaussé de craie sur papier bleu, avec la main gauche levée en l'air, est dans la collection de M. Lallemand.

— Dessin terminé. Le dessin terminé au crayon noir sur papier bleu, avec le mouvement de la main gauche semblable à celui du tableau, est dans la collection de M. Bellanger.

Mme Antoine Passy.

Mme Antoine Passy est représentée vue de face, assise de côté sur une chaise, au dossier de laquelle viennent se rejoindre ses deux mains. Elle est habillée d'une robe décolletée de couleur violette, et coiffée de petites boucles frisées.

Peinture contrastant entièrement avec le faire du portrait de sa mère, Mme Pean de Saint-Gilles, peinture suavement porcelainée et noirement transpercée du bitume de la préparation dans les dessous des yeux, du nez, du menton. Il est signé : *P.-P. Prud'hon 1822.* (H. 73 c., L. 60 c.)

Ce portrait, le dernier portrait peint par Prud'hon, est la propriété du fils de Mme Antoine Passy, M. Louis Passy.

D'après les souvenirs de M. Louis Passy, les portraits de sa mère et de sa grand'mère auraient été payés 3,000 francs. Trois mille francs semble le prix, qu'au moment de sa plus grande célébrité, le Maître demandait pour un portrait, un portrait que, par une habitude de son talent, il peignait presque toujours jusqu'à mi-jambes.

— 19 —

DENON.

Prud'hon pinx.   *Huot sculp.* 1871.

Chalcographie du Louvre.

Peinture. Le portrait en buste du baron
Denon (H. 60 c., L. 50 c.), esquisse très-avancée, est exposé au Louvre. Il provient de
la vente Laperlier, 1867, où il a été acheté
2,000 francs par le Louvre. M. Laperlier
l'avait acquis de M. de Boisfremont moyennant la somme de 250 francs. Le portrait
commencé en pied a été coupé, la tête et
le buste ayant été seulement recouverts par
le peintre.

Dessin. Première idée. Croquis où le directeur
des Musées, entouré des antiquités de son cabinet,
est représenté assis dans un fauteuil, les jambes
croisées, devant un bureau. Ce beau et franc croquis, au crayon noir et à la craie, a été payé
205 francs à la vente Laperlier, 1867.

Une mère.

Elle est représentée assise sur une chaise, ayant, appuyé sur ses genoux, le bras d'un petit garçon sur lequel posent ses deux mains. Elle est vêtue d'une robe blanche montante, et ses cheveux tombent dénoués derrière son dos.

Peinture. Ce portrait fait partie de la collection de M. Eudoxe Marcille.

Inconnu.

Il est représenté assis, tourné à gauche, le coude appuyé sur le piédestal d'un vase, une badine à la main. Il a le chapeau sur la tête, un habit à collet rose, un gilet jaune bordé de bleu, une culotte de daim et des bottes à revers.

Peinture. Ce portrait (H. $1^m,12$ c., L. 88 c.) porte la date de 1791. Il serait, pour ainsi dire, la première œuvre peinte connue de Prud'hon dans la formation de son talent. Il fait partie de la collection nouvelle formée par M. La-

perlier à Mustapha-supérieur. Il a été acheté
1,000 francs d'un vendeur qui le donnait
comme un portrait de Magnin de Magnan-
ville. Quelques personnes croient reconnaître
Cadet de Gassicourt.

Inconnu.

Peinture. Ce portrait, catalogué au Salon
de 1793 sous le titre de : *Portrait d'homme,*
mesurait 2 pieds de haut sur 2 pieds de large.
On ignore ce qu'il est devenu. Peut-être était-
ce bien le portrait du graveur Copia, faisant le
pendant au portrait de sa femme exposé au
Salon.

Voir aux lithographies de la main du Maître les numéros 8, 10, 11 : les numéros des
portraits du fils de Gouvion Saint-Cyr, de
Mme Jarre, de Mme Navier.

M. Clément signale encore, chez
M. Étienne Arago, deux petits portraits sur
bois : l'un représentant Marat, l'autre Char-
lotte Corday, portraits exécutés par l'artiste
pendant son second séjour à Paris et qui

seraient, d'après l'estimation de M. Arago, de petites figures détachées d'un vaste panneau représentant les personnages marquants de la Révolution.

En fait de portraits peints, c'est là, je crois, à l'heure présente, tout ce qu'il m'est possible de cataloguer parmi les peintures authentiques qu'il m'a été donné de voir. Cependant dans les portraits douteux, il en est un que je ne serais pas disposé à rejeter aussi absolument que la critique l'a fait. Il s'agit du beau portrait appartenant à M. Truchy : le jeune homme à l'habit brun au collet de velours. Certes ce n'est pas la pratique habituelle de Prud'hon. Ce portrait est moins transpercé de noir, est plus blond, a ses carnations plus ensoleillées d'une lumière aqueuse, que les portraits habituels du Maître. Toutefois n'oublions pas qu'il y eut un moment, vers les dernières années de sa vie, chez Prud'hon, une préoccupation de la peinture flamande, une ambition de rendre la transparence molle et la vie fluide de la chair de nos climats de brouillard et de pluie. Et n'a-t-on pas trouvé, à l'exposition de l'École des Beaux-Arts, une certaine parenté entre le portrait de

M. Truchy et le portrait de Mme Pean de
Saint-Gilles

MINIATURES.

Prud'hon.

Le peintre s'est représenté dans sa jeunesse. Il est vu de trois quarts, légèrement
tourné à droite. Il a les cheveux poudrés; il
porte un habit violet à boutons de métal; sa
chemise ornée d'un jabot de dentelle est entr'ouverte.

Miniature très-fine et très-délicate où le jabot est
traité à la manière de Hall. Cette miniature appartient à M. Alfred Sensier.

Mlle Fauconnier.

Mlle Fauconnier est vue de trois quarts,
tournée à gauche. Elle a, jeté sur le haut de
ses cheveux poudrés, un bonnet ruché, et ses
épaules sont couvertes d'un grand fichu de

mousseline à festons, que transperce le rose de sa chair et de sa robe.

Miniature très-travaillée appartenant à M. Fauconnier.

_____

Mme Simon.

Miniature qui est la copie exacte du portrait peint à l'huile possédé par M. Fauconnier. Cette miniature appartient à Mme Fauconnier mère.

_____

Le prince Negroni.

Portrait du prince ami et protecteur des pensionnaires de l'École de Rome, fait par Prud'hon pendant son séjour en Italie.

Miniature de forme ronde, d'un diamètre de 6 centimètres, vendue 146 francs à la vente de M. Dromont, 1871.

_____

Mme François Devosge[1].

Mme Devosge est représentée, la tête vue de trois quarts et tournée à gauche. Elle est

[1]. D'après une note inscrite sur le catalogue manuscrit des

poudrée, avec un repentir tombant le long de son cou. Elle est habillée d'une robe verte serrée sous les seins dans une ceinture dorée. Un flot d'étoffe rose sur l'épaule gauche.

Miniature très-finie, mais sans esprit dans la touche, appartenant à M. Cabet, statuaire.

Mme Roland.

Miniature qui est la copie exacte du portrait peint, possédé par Mme la comtesse Duchatel. Cette très-charmante miniature appartient à M. Maherault.

— 20 —

Mlle MAYER.

Prud'hon.   *Imp. Aug. Bry.*   *Ach. Sirouy.*

Un petit nombre d'épreuves avant la lettre a été tiré de cette lithographie.

Mlle Mayer est représentée un peu décol-

estampes de M. Anatole Devosge, un portrait de Mme Devosge, peint en miniature par Prud'hon, aurait été légué au sculpteur Rude.

letée dans une robe de velours noir bordée
d'une fourrure de petit-gris. Elle a la tête
penchée à gauche, avec un ruban cerise dans
les cheveux.

Miniature faite par Prud'hon, pour orner la tabatière de M. Mayer. Après la mort de M. Mayer, elle
fut démontée et placée dans un cadre rond. Prud'hon
alors peignit en grisaille, de chaque côté, deux
figures allégoriques de la *Fidélité* et de l'*Innocence*,
sur fond jaune.

Cette miniature, de forme octogone, appartient à
M. Eudoxe Marcille.

———

Inconnue.

Portrait d'une jeune fille coiffée d'une
marmotte blanche. Elle a la poitrine à demi
cachée par un fichu blanc qui, passant entre
les deux seins, laisse celui de gauche à découvert.

Miniature d'un aquarellage très-fin et très-trans-
parent, appartenant à M. le comte de la Bérau-
dière.

Inconnue.

Portrait de femme aux cheveux blonds frisés en couronne au-dessus de la tête. Elle est vêtue d'une robe blanche décolletée, et porte des boucles d'oreilles en or et en corail.

Miniature de forme ronde, d'un diamètre de 80 millimètres, appartenant à M. Frédéric Villot.

Inconnu.

Portrait de jeune homme en habit gris, en gilet rose.

Miniature, de forme ovale, faisant partie de la collection de M. Eudoxe Marcille.

PORTRAITS DONT ON NE POSSÈDE QUE LE DESSIN OU LE CROQUIS.

— 21 —

PRUD'HON.

Jul. Boilly sc.

Prud'hon se ipsum del. calamo.   *Ex. coll. P. Dromont.*

Profil du peintre encore jeune [1].

Dessin. Spirituel et élégant croquis sur papier blanc, à la plume, avec des parties légèrement pointillées dans la figure : un croquis qui semble avoir été fait pour être gravé à l'eau-forte par Le Maître. Ce portrait qui aurait été donné par Prud'hon à Dagoumer, son médecin, appartient à M. Bellanger.

Mlle Fauconnier.

Mlle Fauconnier est vue de face, coiffée d'un bonnet aux tuyaux tombants.

[1]. Indépendamment de la miniature faite d'après nature par Boilly, miniature qui a servi généralement de type et de modèle pour les portraits gravés de Prud'hon, il existe un certain nombre de portraits gravés de Prud'hon le montrant à des âges différents. Dans un trait gravé qui porte : *Fremy del. et sculp.* Prud'hon est représenté de trois quarts tourné à gauche, les cheveux relevés sur le front, la décoration à la boutonnière. Dans un autre trait gravé qui porte : P. P. PRUDHON. *Boilly del.* Prud'hon pose de trois quarts, avec les plis d'un manteau jeté sur son épaule droite. Nous avons encore la lithographie Mauzaisse, imprimée chez Delpech, et la lithographie Voiart, imprimée chez le comte Lasteyrie. Je me demande si quelques-uns de ces portraits n'ont pas été faits d'après des tableaux, des esquisses, des dessins, des croquis du Maître, perdus aujourd'hui.

Dessin. Étude au crayon noir et à la craie très-peu prudhonienne, mais d'une authenticité parfaite comme portrait. On retrouve le court ovale, les yeux vifs, le petit nez courbé à la Louis XVI, de la miniature possédée par M. Fauconnier. Ce dessin fait partie de la collection de M. Marmontel.

Guillaume-Jean Constantin.

Le marchand de tableaux et l'ami de Prud'hon est représenté de profil, la pipe à la bouche.

Dessin. Croquis à la plume, sur papier jaune, appartenant à Mme veuve Amédée Constantin.

MM. Aristide et Auguste Constantin.

Les deux fils de Constantin dessinés dans leur enfance. La tête d'Aristide est de profil tournée à gauche, la tête d'Auguste est de profil tournée à droite.

Dessins. Croquis sur papier blanc, faits à la plume, à grandes et larges tailles, sans pointillé. Ces dessins, exécutés vers 1794, appartiennent à M. Auguste Constantin.

***

M. Perché.

Le juge au tribunal de Gray est représenté en cravate blanche, en habit bleu à haut col; il a les cheveux coupés sur le sommet de la tête. Tête, grandeur nature.

Dessin. Le pastel a été exécuté (en 1795) avec ce martelage de tons frais qu'on dirait presque humides, ce martelage très-reconnaissable dans tous les pastels du Maître. Ce pastel, de forme ovale, fait partie de la collection de M. Lallemand.

***

Monsieur Rey.

Le receveur du domaine à Gray est représenté la tête grandeur nature.

Pastel très-librement et très-légèrement frotté et où le papier est à peine recouvert. Derrière est écrit de la main du modèle : « Claude-Marie Rey, âgé de 44 ans, peint par Prudon *(sic)*, le 29 fructidor an IV. »

Madame Rey.

Pendant du portrait du mari.

Pastel de même qualité, mais où les vêtements féminins sont traités d'une manière tout à fait supérieure. Derrière est écrit de la main du mari : « Jeanne-Marie-Angélique Palate, épouse de Claude Rey, âgée de 26 ans, peinte par Prudon, le 12 vendémiaire an V. » Les deux portraits appartiennent à M. Party, avocat à Dijon.

— 22 —

Mlle MAYER.

Léopold Flameng d'après Prud'hon.

Eau-forte publiée dans la *Gazette des Beaux-Arts.*

Mlle Mayer est représentée souriante, le regard dirigé à gauche. Elle a une chemisette au col déboutonné et porte un spencer sur lequel est noué à la taille un tablier de *peintresse.* Un ruban court dans les boucles frisottées de ses cheveux.

Dessin. Grandeur nature, très-fait et très-caressé

au crayon noir et à l'estompe sur papier jaune. Il est signé *P P Prud'hon*.

Ce dessin, vendu 200 francs à la vente de M. Carrier, appartient aujourd'hui à M. Bellanger.

M. Frochot, préfet de la Seine.

Dessin. Croquis gribouillé sur papier blanc, en quatre coups de plume.

Ce bout de papier, sur lequel on lit d'une écriture du temps : *M. Frochot improvisé par Prudhon*, appartient à M. Dailly.

— 23 —

Masque de l'empereur Napoléon.

Alex Tardieu effigiem del sc

C'est la tête vue de face, qui figure entourée de rayons dans l'allégorie de Dubos, représentant la place grande, occupée sur le globe par la France de Napoléon le Grand.

Dessin de forme ovale, au crayon noir, sur papier

blanc, dessin très-fini, faisant partie de la collection de M. Eudoxe Marcille.

La reine Hortense.

Compositions diverses pour un portrait en pied de la reine Hortense, qui semble n'avoir point été peint.

Dessins. Première idée. Croqueton minuscule au crayon noir et à la craie, sur papier bleu, appartenant à M. Paul Perier. Il vient, je crois, de la vente Boisfremont, 1870, où il a été payé 19 francs.

— Autre première idée. La reine est représentée debout et à demi assise de face sur le rebord d'une terrasse. Au verso, autre croquis, représentant la reine seule debout dans un parc, les mains croisées. Cette feuille dont les deux croquis ont été jetés au crayon noir et à la craie, sur papier bleu, fait partie de la collection de Paul Perier. Elle a été payée 120 francs à la vente de M. de Boisfremont, 1870.

— Le dessin plus avancé de la même composition a été payé 1,050 francs par M. Norzy à la vente de Boisfremont, 1870.

— Autre première idée, où la reine est représentée debout, vue de face, recevant dans ses bras un enfant qui s'élance d'un tertre placé à sa droite ; à sa gauche, un peu derrière elle, est grimpé un autre enfant.

Croquis au crayon noir et à la craie, sur papier bleu, de la plus large facture et avec les audaces et les brutalités dans le noir que, seuls, ont les grands maîtres.

Cette composition d'un arrangement et d'un balancement de formes merveilleux appartient à Mme Denain.

Ce dessin provient de la vente Boisfremont, 1864, où il a été payé 400 francs.

— Une autre première idée assez semblable à la composition de Mme Denain est à Mustapha-supérieur chez M. Laperlier. C'est un croquis au crayon noir et à la craie (H. 27 c., L. 20 c.), représentant, sous l'ombrage d'un grand arbre, la reine Hortense serrant ses deux enfants entre ses bras.

— 24 —

Marie-Louise.

J G (*J. de Goncourt*).

Eau-forte au pointillé.

1er État. — Le profil très-légèrement indiqué. Cet état porte, dans le haut à droite, **J. G.**, 30.

2me État. — Le profil ainsi que les cheveux et le diadème, renforcés de pointillé.

3me État. — Gravé à la pointe au-dessous du filet d'en bas : *Paris, Imp. Delatre, R. des Feuillantines.* C'est l'état qui a paru dans la livraison de Prud'hon dans *l'Art du* XVIIIe *siècle.*

Une très-petite gravure de ce médaillon a été depuis exécutée par Flameng.

Le dessin, en forme de médaillon, très-terminé, aux crayons noir et blanc, sur papier bleu, représentant l'impératrice en buste, vue de profil, tournée à droite, un diadème posé sur les frisons de ses cheveux. Ce dessin appartient à M. Eudoxe Marcille.

L'impératrice Marie-Louise.

L'impératrice est représentée en pied, la main droite appuyée sur un coussin, où repose une couronne.

Dessin. Élégant croquis au crayon noir et à la craie, sur papier bleu, de la collection de M. Émile Galichon. Ce dessin provient de la vente de Boisfremont, 1864, où il a été payé 360 francs[1].

1. Un portrait en pied de Marie-Louise *(Maria Louisa, Archiduchess of Austria, Empress of France)* representee eu pied

— 25 —

LE ROI DE ROME.

Dessiné d'après nature par P P Prud'hon et gravé par Roger.

Se trouve à Paris chez Defer, marchand d'estampes, quai Voltaire nº 19, etc.

Médaillon en imitation de bas-relief.

1ᵉʳ État. — Eau-forte pure [1]. Une épreuve de cet état était vendue 2 fr. 50 c. à la vente Alphonse David, 1859; — 7 francs à la vente Dromont, 1871.

2ᵐᵉ État. — Avant toutes lettres et avant l'allégorie de la *Louve*. Une épreuve de cet état était vendue 4 fr. 25 c. à la vente Alphonse David, 1859; — 11 francs à la vente Dromont, 1871.

dans un parc et gravée par Boffe et Hamble, a été publié à Londres. Il est donné comme gravé d'après une production de Prud'hon, tirée du cabinet de la duchesse de Saint-Albans. M. Eudoxe Marcille pense que la gravure a été exécutée non d'après un Prud'hon, mais d'après un Bosio, et je suis de l'avis de M. Marcille, tout en croyant qu'il s'est aidé d'un portrait dessiné par Prud'hon. En effet, dans une autre gravure plus grande, et où le parc est remplacé par la cour d'un palais où attend une voiture attelée, après l'indication que ce portrait a été dessiné par Bosio, et gravé en 1810, à Milan, par Louis Nados de Parme, on lit sur la gravure : *terminé la tête d'après nature par M. Prudon à Paris.*

1. M. Maherault me dit qu'il y a une eau-forte de ce buste par Defrey, que l'on confond avec l'eau-forte pure de Roger. Il y aurait aussi une autre eau-forte par Denon.

3ᵐᵉ État. — Avant toutes lettres et avec l'allégorie, mais avant les cornes d'abondance de chaque côté, dessinées de la main de Prud'hon sur une épreuve que possède M. His de la Salle.

4ᵐᵉ État. — Avec l'allégorie et les cornes d'abondance, mais avant l'adresse de Defer.

5ᵐᵉ État. — Celui décrit.

6ᵐᵉ État. — État tout moderne. A Paris, chez Danlos, quai Malaquais, 1.

Dessins. Première idée : un croqueton au trait était vendu à la vente de Boisfremont, 1864.

— Le dessin au crayon noir et à la craie sur papier bleu, dessin très-terminé et fait pour servir de modèle à la gravure, est dans la collection de M. Eudoxe Marcille.

Le Roi de Rome.

L'enfant impérial est représenté de face, dormant, la tête coiffée d'un petit bonnet de nuit.

Dessin. Gracieux croquis au crayon noir et à la craie, sur papier bleu, appartenant à Mᵐᵉ Denain. Ce dessin provient de la vente de Boisfremont, 1864, où il a été payé 126 francs.

Mlle de Talleyrand.

. La petite baronne Alexandre est représentée à l'âge de sept ans, en pied, dans sa longue robe de petite fille.

Dessin. Délicieuse étude au crayon noir et à la craie, sur papier bleu, avec les étoffes indiquées à larges coups de crayon, avec la figure finement étudiée dans le ton de chair grisaille que Prud'hon avait quelquefois l'habitude de faire en mélangeant la craie et le crayon noir.

Ce dessin (H. 24 c., L. 16 c.) est signé *Prudh*. Il provient de la vente d'un secrétaire de M. de Talleyrand, à qui le prince l'avait donné, vente où il fut payé 755 francs par M. Marcille père. Il fait aujourd'hui partie de la collection de M. Camille Marcille.

Berthollet.

Le chimiste est représenté en pied, assis, tourné de trois quarts à gauche.

Dessin. Le croquis exposé à l'École des Beaux-Arts sous le titre « d'un académicien » et qui semble à M. Maherault une première pensée d'un portrait de Berthollet; le croquis au crayon noir et à la craie sur papier bleu appartient à M. Fournier.

———

— 26 —

Lagrange.

Prudhon del'   *Tony Johannot sc*

Le savant est représenté en buste, de profil, tourné à droite; ses rares cheveux sont ramenés sur le sommet de la tête.

Ce portrait, de la plus grande rareté, où le nom du personnage n'est pas indiqué, gravé d'après un dessin perdu, a été donné par Tony Johannot à M. Maherault.

———

Merlin.

Le libraire est représenté de face, en cravate blanche, en habit noir.

Dessin sur papier bleu au crayon noir, rehaussé et terminé avec le système de petites linéatures perpendiculaires qui est particulier à Prud'hon. Ce portrait commencé par Mlle Sophie Duprat, et qui

a été entièrement repris par Prud'hon, appartient à
M. Quesnel.

Mme Dufresne.

Mme Dufresne est représentée vue de face,
coiffée de papillotes dépeignées. Tête grandeur nature.

Dessin. Pastel faisant partie de la collection de
M. Eudoxe Marcille.

La duchesse de Dino.

Dessin. Le croquis rehaussé du buste de la
duchesse a été acheté 181 francs par le comte de
Périgord à la vente de Boisfremont, 1864.

Mme Récamier[1].

Dessin. Croquis au crayon noir sur papier gris.
Ce dessin se vendait à la vente Galichon, 1875.

1. Est-ce bien une première idée d'un portrait de Mme Ré-
camier?

— 27 —

IVAN VI.

Alexandre Tardieu del et sc

Dans un cartouche, on lit : *Ivan VI, né le* 21 *août* 1740.
..... En tête est imprimé : *Tome Ier, page* 423.
Petit portrait gravé pour une *Histoire de Russie.*

Dessin. Le dessin au crayon noir sur papier, dessin poussé au plus extrême fini, et dont la gravure n'est qu'un fac-simile, est dans la collection de M. Eudoxe Marcille.

— 28 —

A. D. LANSKOI.

Alexandre Tardieu del et sc.   *Rue de l'Arbre-Sec, n° 251.*

En tête : *T. II, p.* 377.
Petit portrait en médaillon, gravé pour une *Histoire de Russie.*

Dessin. Le dessin très-fini au crayon noir sur papier blanc est dans la collection de M. Eudoxe Marcille.

Enfant tenant des flèches.

Jeune enfant représenté d'une main tenant des flèches, de l'autre un arc. Première pensée d'un portrait.

Dessin. Première idée. Le croquis au crayon noir et à la craie, sur papier gris, fait partie de la collection de M. Maherault.

Petite fille au chat.

Une petite fille assise tenant un chat sur ses genoux. Elle est représentée à mi-jambes, tournée de trois quarts à gauche. Première pensée d'un portrait.

Dessin. Première idée. Spirituel petit croqueton au crayon noir et à la craie, sur papier bleu, faisant partie de la collection de M. Marmontel. Ce dessin a été payé 325 francs à la vente de Boisfremont, 1864.

Une chanoinesse.

Dessin. Pastel vendu 78 francs à la vente Laperlier, en 1867, et précédemment 93 francs à la vente de Boisfremont, 1864.

———

Inconnue.

Portrait de jeune femme représentée de trois quarts, tournée à droite, les cheveux tombant sur le front.

Dessin. Ce pastel (H. 0ᵐ,420, L. 0ᵐ,340) figure au Louvre sous le n° 1287. Ce n'est point le portrait de Mˡˡᵉ Mayer, ainsi que l'indique le catalogue. Il a été acheté 140 francs à la vente Bruzard, en 1839.

———

Inconnue.

Jeune femme représentée le sein découvert.

Dessin. Pastel vendu 79 francs, sous le n° 38, à la vente de Prud'hon, 1823.
On ignore ce que ce pastel est devenu.

———

Inconnue.

Portrait de femme dont le sein est découvert.

Dessin. Le dessin au crayon noir et à la craie sur papier gris est fait sous l'influence des maîtres du xviiie siècle. Il fait partie de la collection de M. Marmontel.

___

Inconnu.

Jeune homme de face, aux cheveux frisés, en cravate blanche, à l'habit boutonné.

Dessin au crayon noir et à la craie, sur papier bleu, signé : *P P Prudhon, 1818*.

___

Inconnu.

Portrait d'homme dans un parc. Il tient de la main droite une badine, et a la main gauche appuyée sur le piédestal d'un grand vase.

Dessin. Première idée. Le croquis (H. 28 c., L. 22 c.) au crayon noir et à la craie, sur papier bleu, croquis tout barboteux de lumière, fait partie de la collection de M. Eudoxe Marcille.

___

Inconnu.

Petit portrait de vieillard.

Dessin. Le dessin à la mine de plomb sur papier gris, provenant du legs fait par Anatole Devosge à la ville de Dijon, fait partie du nº 1135.

Bien des portraits dessinés par Prud'hon se sont perdus. Je citerai parmi ces portraits, dont les originaux ne sont pas arrivés jusqu'à nous, une copie très-curieuse à la sépia gouachée de blanc, d'un portrait de Prud'hon qui devait avoir été exécuté par le Maître avec le même procédé. C'est un homme à mi-corps, représenté de face, une main pendante sur le dossier d'une chaise, l'autre passée dans son gilet. Sa tête intelligente et fine, aux cheveux bouclés, est un peu penchée à droite. Il est en cravate blanche, en chemise à jabot, en gilet blanc, en redingote à boutons de métal. Au-dessous de la sépia on lit : « *1818, D'après le dessin or*ᵃˡ *de Prud'hon,* avec le monogramme *B R.* (Barthélemy Roger). » M. Laperlier, qui possède cette copie, croit que l'original était un portrait du graveur.

———

COMPOSITIONS

DE

L'ANCIEN ET DU NOUVEAU TESTAMENT.

———

Dieu débrouillant le chaos.

Le Père Éternel, soutenu par deux anges, traverse l'espace, commandant aux Éléments de ses deux bras étendus. Un troisième ange suit dans l'air le groupe qui se dirige à droite. Peinture. Esquisse (H. 31 c., L. 42 c.) d'une belle couleur et où la draperie, d'un violet sombre, qui entoure le corps éternel et flotte au vent, est du plus bel effet. Cette esquisse figure au Musée de Dijon, sous le n° 1130.

Dessin. Première idée présentant quelques différences avec l'esquisse peinte. Croquis à la plume,

sur papier bleu, faisant partie de la collection de
M. Maherault.

———

Adam et Ève.

Dessin. Franc croquis au crayon noir et à la
craie, sur papier bleu, appartenant à Mme Denain.

———

Adam et Ève après leur chute.

Dieu, soutenu dans le ciel par des anges,
plane au-dessus d'Adam et d'Ève agenouillés.

Peinture. Esquisse distinguée (H. 37 c.,
L. 45 c.), avec une coloration joliment pâle du
corps d'Ève. Collection de M. Dugleré. Cette
ébauche d'un tableau non exécuté a été payée
par M. Dugleré 755 francs, à la vente Laperlier. M. Laperlier l'avait acquis de Mme veuve
Power pour la somme de 255 francs.

Dessins. Grand et puissant croquis de la dimension de la peinture, au crayon noir et à la craie, sur
papier bleu. Il appartient à M. Eugène Lecomte.
Le dessin a été payé 930 francs à la vente de Boisfremont, 1864.

— Un dessin (H. 24 c., L. 29 c.) où la composition me semble plus écrite que dans l'esquisse de M. Dugleré et le dessin de M. Lecomte, existe au Musée de Dijon, provenant du legs d'Anatole Devosge et catalogué sous le n° 1132. Dans ce dessin, on voit le Père Éternel sortant à mi-corps d'un nuage, de son bras droit étendu donner un énergique signe de départ. Adam et Ève sont agenouillés, Adam les bras pendants, Ève une main sur les yeux. D'un arbre dont on ne voit que le tronc, un serpent s'enfuit. Le dessin est exécuté au crayon noir et à la craie sur papier bleu.

— Un autre croquis à la plume pour cette composition a été vendu 65 francs à la vente Laperlier.

— Fragment. Une étude à la plume pour une figure du Père Éternel, vendue à la même vente 90 francs. Elle fait partie de la collection de M. Pils.

Le sacrifice d'Abraham.

Abraham, une main armée d'un couteau, une main sur la tête d'Isaac étendu, nu, sur un bûcher, la tête pendante et dont on ne voit que le dessous du menton. A gauche, un bélier dans un buisson, à droite, un vase, dans le lointain des montagnes sur lesquelles deux personnages sont assis.

Dessin. Le dessin (H. 23 c., L. 31 c.), exécuté au crayon noir et à la craie sur papier bleu, provient du legs d'Anatole Devosge. Il est catalogué au Musée de Dijon sous le nº 1131.

Dieu et Moïse.

Dieu entre deux anges, écrit le Décalogue devant Moïse à genoux.

Dessin. Le croquis à la plume, sur papier bleu, appartient à M. Joliet, de Dijon.

Joseph en prison expliquant les songes du pannetier et de l'échanson.

Dessin naïf des premiers temps de Prud'hon, où l'influence de l'imagerie des villages, des rudes et grossiers bois qui servirent d'abord de modèles au jeune peintre est manifeste.

Ce dessin au crayon noir, relevé de plume, sur papier gris, appartient à M. Cabuchet.

— 29 —

Joseph et la femme de Putiphar.

Prud'hon pinx.   *Lith. Formentin.*   *Boilly lith.*

Collection Marcille.

Cette composition a été gravée à l'eau-forte par Marks.

Peinture. Petite esquisse largement empâtée, de la grandeur d'un dessus de tabatière, appartenant à M. Camille Marcille.

Dessin. Première idée. Croqueton à la plume, où la femme, couchée tout de son long et un peu soulevée, étreint Joseph dans ses bras. Ce croquis en large, dont l'idée a été abandonnée dans l'esquisse, appartient à M. Adolphe Moreau qui l'a fait encastrer dans un buvard [1].

[1]. Devéria, de ce croqueton, avec son habitude d'arranger et de terminer les premières pensées de Prud'hon, a fait une très-mauvaise petite vignette. Elle porte : *Deveria del.* 1828. *Gravé par Valat.*

— 30 —

Même composition.

Prud'hon del.   *Imp. Bertauts.*   *Eugène Leroux lith.*

D'après un dessin de la collection de M. Eudoxe Marcille.

Dessins. Première idée. Croquis en largeur (H. 23 c., L. 27 c.), avec les figures à mi-corps, sur papier verdâtre, à la plume et au crayon rehaussé de blanc. Dans cette nouvelle composition, la femme de Putiphar, assise sur le bord de son lit, enserre Joseph de ses bras et de ses jambes. Ce dessin, aux lignes amoureuses, fait partie de la collection de M. Eudoxe Marcille.

— Croquis en hauteur, au crayon noir et à la craie, sur papier bleu. Ce dessin, qui est la répétition du dessin de M. Marcille, mais avec les personnages entiers et un commencement de modelage, fait partie de la collection de M. le baron Dejean. Ce dessin a été payé 1,600 francs à la vente de Boisfremont, 1864.

— Dessin très-terminé en hauteur avec les personnages en pied. Ce dessin, sur papier blanc, teinté de crayon et relevé de plume, appartient à M. Maherault. Il provient de chez M. de Varanges et a été payé 1,200 francs à la vente Dromond. Est-ce le dessin catalogué sous le n° 308 à la vente Bruun Neergaard, et qui se vendit alors 112 francs? L'indication sur « papier gris » ferait croire que le dessin de la collection Bruun Neergaard est plutôt le dessin possédé par M. Eudoxe Marcille.

— Dessin sur papier blanc, inachevé, mais avec des parties finies, comme pour servir de modèle au graveur. Ce dessin fait partie de la collection du baron Dejean. Ce dessin a été payé 300 francs à la vente de Boisfremont, 1864.

La Résurrection de Lazare.

Devant la porte d'une ville aux tours crénelées, Jésus étend le bras dans la direction de Lazare, couché sur un brancard, qui se dresse sur son séant et rejette le linceul de sa tête. Au premier plan, une femme agenouillée lève des mains implorantes vers Jésus; dans le fond, les attitudes de sept personnes témoignent leur étonnement ou leur épouvante.

Dessin. Le dessin (H. 47 c., L. 58 c.) d'une importance capitale, exécuté à la plume, au crayon noir, à l'estompe et rehaussé de blanc, provient du legs d'Anatole Devosge. Il est catalogué au Musée de Dijon sous le n° 1133.

— 31 —

JÉSUS-CHRIST EXPIRANT SUR LA CROIX.

D'après le tableau original de Prud'hon.

Peint par Prud'hon. Imp. Lemercier. Lith. par Marin Lavigne.

La même composition a été également lithographiée en plus petit par E. Lasalle, sans titre, et par Adolphe Maurin, avec les titres dans deux états différents de : LE CHRIST MOURANT, CHRIST EN CROIX. Elle a été aussi lithographiée par M. Joseph Auguste, avec le titre : EX MORTE VITA.

Cette composition a été de plus réduite au diagraphe, avec le titre : LE CHRIST SUR LA CROIX.

Peinture. Le tableau signé au pied de la croix *P P Prud'hon p^{xit} 1822* (H. 2^m,65 c., L. 1^m,75 c.) figure au Louvre sous le n° 457.

C'est la peinture exposée sous le n° 1385 au Salon de 1824. Le livret la décrit dans ces termes : « Le Christ sur la croix. La Madeleine et la Vierge sont à ses pieds. » (M. du R.)

Commandé pour la cathédrale de Metz et acheté par la maison du Roi, ce dernier ouvrage de Prud'hon fut placé au Musée en 1825: La ville de Metz eut en échange une copie exécutée par M. de Boisfremont et deux autres peintures du Louvre, prises dans les magasins.

— 32 —

LE CHRIST EN CROIX.

Répétition du tableau du Louvre.

Gravé par Reynolds d'après l'esquisse terminée de Prud'hon du Cabinet de M. Coutan.
Chez Arrowswith.

L'estampe, à la manière noire de Reynolds, est donc gravée non d'après le tableau du Louvre, mais d'après une esquisse terminée d'un cabinet particulier.

Peintures. Une petite esquisse du Christ sur la croix a été exposée à l'école des Beaux-Arts. Cette esquisse, d'une très-belle couleur, appartient à M. Hauguet.

Une autre esquisse pleine d'effet et d'une grande pureté (H. 20 c., L. 15 c.) fait partie de la nouvelle collection que M. Laperlier a créée à Mustapha supérieur. Elle a été achetée 700 francs par le possesseur, à M. de Boisfremont.

Une étude peinte de la tête et du torse du Christ, de la même grandeur que dans le tableau du Louvre (H. 46 c., L. 36 c.), étude poussée au dernier fini, était en possession d'Élisa Voiart. Cette toile avait été mise, par le propriétaire, en vente le 24 février 1848, dans une vente qui ne s'acheva pas. Rentrée en possession de l'étude, que ses amis estimaient alors 2,000 francs, Mlle Élisa Voiart demandait, en 1856, à M. Laperlier, de l'œuvre de Prud'hon, les 2,000 francs de l'estimation, plus 800 francs pour les intérêts de la somme de 2,000 francs pendant huit ans. Le tableau de Mlle Voiart ne fut pas acheté par M. Laperlier; je ne sais ce qu'il est devenu.

Dessins. Première idée. Un petit croquis au crayon noir rehaussé sur papier bleu, composition en largeur qui montre la Vierge soutenue dans son évanouissement par trois femmes, fait partie de la collection de M. Paul Perier. Il provient de la vente de Boisfremont, 1864, où il a été payé 232 francs.

— Une autre première pensée aux crayons noir et blanc faite sur une double feuille, où se trouvait un autre joli dessin qu'on n'avait pu détacher, a été achetée 131 francs par Constantin, à la vente de Prud'hon, 1823.

— 33 —

L'ASSOMPTION DE LA VIERGE.

Peint par feu Prud'hon, de l'Institut, gravé par Debucourt d'après le tableau de la chapelle des Tuileries, *peintre du Roi, etc. Paris, chez Debucourt, etc., tiré du cabinet de M. Tardieu* (Aqua teinte).

C'est le tableau que la grande aumônerie rejeta, trouvant peu religieux cette ronde de grands anges éphèbes sous les pieds de la Vierge.

Peintures. La grande esquisse terminée se vendit 1,500 francs à la vente de Prud'hon; — 12,000 francs à la vente Perrier. Elle est maintenant dans la collection Richard Wallace.

La petite esquisse est dans la collection de M. Eudoxe Marcille; elle a été exposée l'année dernière à l'exposition des Beaux-Arts.

— 34 —

Même composition.

Prud'hon pinx.   *Boscq sculp.*

Cette composition a été également réduite au diagraphe. Elle a été lithographiée par Dufourmantelle.

Une petite lithographie sans nom de lithographe a été imprimée à l'imprimerie Villain.

Peintures. Le tableau (H. 2^m,15 c., L. 1^m,45 c.) figure sous le n° 458 au Musée du Louvre.

C'est le tableau exposé sous le n° 922 au Salon de 1819. Commandé en 1816 pour la chapelle des Tuileries et payé 6,000 francs, ce tableau n'entra au Louvre qu'après la révolution de 1848.

La grande esquisse terminée de ce tableau s'est vendue à la vente de M. Henry.

Dessins. Première idée. Le croquis au crayon noir et à la craie, sur papier bleu, est conservé au Louvre sous le n° 1283. La Vierge est soutenue dans les airs par deux des anges du groupe des cinq que l'on voit dans la peinture. Il a été acquis, par décision du 15 octobre 1846, de Mme Voiart, au prix de 700 francs.

— Premières idées. Deux croquetons bâtonnés avec un rien de craie, sur papier bleu, appartenant à M. Eudoxe Marcille.

— Première idée. Un autre croqueton où le dessin semble cherché à la craie, seulement dans la lumière, appartenant à M. Juglar. Ce dessin a été acheté 103 francs à la vente de Boisfremont, 1864.

— Une des plus lumineuses études de Prud'hon sur papier bleu, avec la tête de la Vierge tournée à gauche et dirigée vers le Tout-Puissant qui la reçoit dans le ciel. Ce dessin appartient à M. Paul Perier. Il provient de la vente de Boisfremont, 1870, où il a été payé 1,000 francs.

— Belle préparation très-avancée, sur papier bleu, de la Vierge avec sa couronne d'étoiles et le dernier mouvement de tête adoptée. Ce dessin appartient à M. Paul Perier. Il provient de la même vente où il a été payé 1,450 francs.

— Fragment. Étude détaillée, sur papier bleu, de la draperie de la Vierge, dans le mouvement de la tête tournée à gauche. Le dessin appartient à M. Rouart.

— Fragment. Dessin sur papier blanc, à la sépia, de la Vierge, avec la figure et les mains admirablement pointillées. Ce dessin fait partie de la collection de M. Eudoxe Marcille.

De cette composition très-longuement et très-

laborieusement cherchée dans l'ensemble et les
détails, il se trouve encore des premières pensées
jetées sur le papier chez M. Alexandre Dumas,
Mme Aubry-Vitet, Eudoxe Marcille, et encore des
études de pieds, de mains, de draperie, chez
M. Rouard Gariel, etc.

— 35 —

LA VIERGE.

D'après Prud'hon.

Peint par Prud'hon   *Gravé par Girard*

Chez Osterwald l'aîné.

Estampe à l'aquateinte.

1er État. — Avant la lettre.

2me État. — Celui décrit. Il y a des épreuves tirées à
deux tons.

« La Vierge » a été également gravée au burin par
l'élève de Prud'hon et de Mlle Mayer, Mlle Sophie Duprat.

Elle a été lithographiée sous le titre de : « la Sainte-
Vierge » par Mme Dumeray. Peut-être y a-t-il dans cette
lithographie quelques retouches de Prud'hon?

Elle a été, en 1847, lithographiée une seconde fois par
Aubry-Lecomte.

Peintures. Le tableau a été exposé au Salon

de 1810 sous le n° 665 et sous le titré « Une tête de vierge. » Ce tableau serait aujourd'hui à Parme.

— Une répétition est aujourd'hui possédée par M. Alfred de Montebello.

Dessin. L'étude (H. 30 c., L. 23 c.), puissant et franc croquis au crayon noir et à la craie, sur papier bleu, figure sous le n° 160, au Musée de Dijon, qui l'a acquis en 1841.

COMPOSITIONS

DE LA MYTHOLOGIE

ET DE

L'HISTOIRE FABULEUSE

Cybèle.

La déesse est étendue sur des gerbes où jouent des Amours.

Dessin. Croquis au crayon noir et à la craie, sur papier bleu, où se sent encore l'influence du XVIIIe siècle. Il fait partie de la collection de M. Camille Marcille.

— 36 —

CÉRÈS CHERCHANT PROSERPINE.

P. Paul Prudon del · *Le baron de Joursanvault sculp*

Dédié à Mme la baronne de Heinitz.

Deux écussons accolés. Dans la marge, tout à l'entour, des essais à la pointe, griffonnés sans doute d'après des croquetons de Prud'hon.

Rare eau-forte d'après une des premières imaginations de Prud'hon, tirée de la fable qu'il réalisa depuis d'une manière si heureuse dans la VENGEANCE DE CÉRÈS.

Cette estampe a été vendue 12 francs à la vente Davalet, 1867.

Un épisode de l'enlèvement de Proserpine.

Groupe de femmes éplorées levant les bras au ciel.

Peinture. Fragment d'un tableau qui n'a pas été exécuté. Cette ébauche appartient à M. André Giroux.

Dessin. Un croquis complet de la composition (H. 23 c., L. 60 c.), avec indication des différents groupes jetés au crayon noir, sur papier bleu, est dans la collection de M. Eudoxe Marcille.

— 37 —

LA VENGEANCE DE CÉRÈS.

Prudhon inv.   *Copia sculp.*

Cérès change en lézard le jeune Stellio parce qu'il se moquait d'elle en la voyant manger avec avidité.

Tiré du Cabinet du Cⁿ Darlet.
A Paris, chez Copia et chez Bance.

M. Villot possédait une étude de la Cérès avec la table et le fond, ébauchés à l'eau-forte et à la roulette, le bras et le pied gauche non encore recouverts de travaux. Il croyait cette épreuve unique. Cette épreuve unique se vendait, en 1859, à la vente faite par M. Villot, 2 francs.

1er État. — Avant l'inscription et avec les noms à la pointe : *Prudhon inv., Copia sc.* Une épreuve de cet état était vendue 13 francs à la vente Palla, 1873 ; — 10 francs à la vente du 2 mars 1874.

2me État. — Avec le titre de : *la Société de la réunion des Beaux-Arts.*

3me État. — Celui décrit. Une épreuve de cet état était vendue 2 francs à la vente d'Alphonse David, 1859.

Il y a des épreuves tirées en couleur.

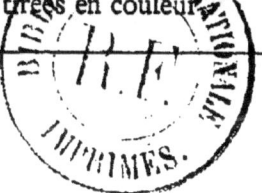

Peinture. Grande toile (H. 1ᵐ,90, L. 1ᵐ,57), d'une qualité bien médiocre, faisant partie de la collection Moisson.

Dessin. Fragment. Voir aux têtes d'études, nᵒ 177.

— 38 —

VÉNUS ET ADONIS.

Prud'hon pinxit.   *Normant fils sc.*

En tête : *Salon de 1812, t. II, page 19.*

Petite gravure au trait, la seule reproduction du grand tableau exposé en 1812.

Ce tableau est ainsi décrit dans une note autographe de Prud'hon : *Au milieu d'une forêt ombreuse, Vénus, assise sur un tertre, retient Adonis près d'elle par le charme de ses caresses; le jeune chasseur enivré paraît oublier qu'il veut partir. Au bord de l'eau, sur le devant, un amour tient les chiens en laisse; plus loin à l'écart, l'Amour livre au Plaisir un papillon, symbole de l'âme; dans le lointain plusieurs autres Amours courent la chasse.* »

Peinture. Le tableau original (H. 7 pieds 6 p.,
L. 5 pieds 4 p.) exposé au Salon de 1812, et
dont le prix avait été fixé par Prud'hon à
12 000 francs, resta dans l'atelier du peintre
sans trouver d'acquéreur jusqu'à sa mort. A
la vente de Prud'hon il fut adjugé pour
5,100 francs à M. de Boisfremont. Depuis, il a
passé dans la famille du maréchal Gouvion de
Saint-Cyr, qui le céda à M. Auguiot. A la
vente de M. Auguiot (1er mars 1875), cette toile
célèbre, où il y a malheureusement des repeints
très-maladroits dans les figures d'amours, a
été achetée 67,000 francs par M. Richard
Wallace.

— 39 —

Même composition.

Peint par Prud'hon　　　　　*Lith. par Jules Boilly*
Imp. lith. Formentin

Cette composition a été lithographiée une seconde fois
d'une manière tout à fait supérieure par M. Achille Sirouy.
Cette composition a été encore lithographiée par Lamy.

Esquisse du grand tableau (H. 36 c.,

L. 26 c.). Elle diffère de la composition définitive par la substitution, dans le fond, de
colombes au lieu d'amours, par la substitution
au premier plan, d'amours couchés sur les
chiens en place de l'Amour tenant un lévrier
en laisse.

Cette merveilleuse esquisse qui, pour moi,
est le chef-d'œuvre de Prud'hon, cette esquisse
qu'on dirait peinte avec du miel, dont elle a
la blondeur et le *gommeux,* fait partie de la
collection de M. Eudoxe Marcille. Elle a été
payée 7,800 francs à la vente du comte de
Sommariva, par M. Marcille père.

Dessins. Le croquis rehaussé de la composition a
été payé 105 francs par M. Texier, à la vente de Boisfremont, 1864.

— Fragment. Étude au crayon noir et à la craie,
sur papier bleu, d'un amour. Cette petite étude,
toute pleine du sentiment de l'enfance d'un corps,
appartient au baron Dejean. Elle a été payée
140 francs à la vente de Boisfremont, 1870.

— Fragment. Étude au crayon noir et à la craie,
sur papier bleu, d'amours et de chiens aux pieds de
Vénus et Adonis, appartenant à M. Guyot-Sionnest.

— 40 —

VÉNUS AU BAIN.

Peint par Prud'hon   *Lith par Jul. Boilly.*

Sieurin, 13, rue de Seine. Impr. Lemercier.

Il existe une lithographie sans nom de lithographe et d'imprimeur; lithographie que je crois être antérieure à celle de Jules Boilly.

Cette composition a été également gravée par Flameng dans la *Gazette des Beaux-Arts*.

Peintures. Le tableau (H. 1 m. 25 c., L. 1 m.) provenant des collections de Prudhon, de M. de Cypierre, s'est vendu, sous le titre de « l'Innocence », 6,800 francs à la vente du duc de Morny. Ce tableau appartient aujourd'hui à M. Paul Dalloz[1]. Il s'était vendu 1,300, francs à la vente Prudhon, qui en avait reçu la commande d'un prince étranger.

La petite esquisse (H. 26 c., L. 21 c.) vendue 2,500 francs à la vente de Boisfre-

1. Une autre esquisse de la même composition, esquisse douteuse et lithographiée par Gigoux, sous le titre : LE BAIN DE FLORE, était en la possession de Laurent Richard. Elle vient de chez le vieux marchand de tableaux Duclos.

mont de 1870, appartient aujourd'hui à M. Alexandre Dumas.

Dessins. Première idée. Croquis léger du ton d'un fusain effacé, appartenant à M. Clément.

— Puissante et lumineuse étude, sur papier bleu, avec de charmants badinages de craie, appartenant à M. Maherault.

— 41 —

VÉNUS BAIGNEUSE.

Prudhon inv.   *Pellicot del.*

Lith. Langlumé.

Même composition que la VÉNUS AU BAIN. Mais au lieu des cinq amours dont la déesse est entourée dans le tableau de M. Dalloz, ici Vénus n'a qu'un amour à sa droite, un amour à sa gauche. On ignore d'après quelle esquisse ou quel dessin la lithographie a été faite.

Vénus et l'Amour.

Composition non exécutée.

Dessin. Croqueton au contour puissamment

tracé sur papier bleu, appartenant à M. Eudoxe Marcille.

___

Vénus et l'Amour endormi.

Vénus est à demi couché, tenant la tête de l'Amour appuyée sur son corps.

Dessin vendu 205 francs à la vente de Boisfremont, 1870.

___

— 42 —

LE TRIOMPHE DE VÉNUS.

Dessiné par Prud'hon.   *Lith. par Aubry Lecomte, 1852.*

Lithographié également par Jules Boilly, sous le titre : *Hominum Divumque Voluptas, Alma Venus.*

Dessin. Le dessin, très-terminé aux crayons noir et blanc, sur papier bleu, est exposé sous le n° 1284 au Louvre. Il figure parmi les dessins que M. His de la Salle a eu la générosité de céder, *au prix coûtant,* pour compléter la salle d'exposition des Maîtres français modernes. Et le dessin du « Triomphe de Vénus » a été cédé pour 120 francs, prix que l'heureux amateur l'avait payé chez M. Lenoir, prédécesseur de M. Rapilly. Le dessin était primitivement possédé par M. Thibault, professeur à l'École royale des Beaux-Arts.

———

Le berger Paris.

Dessin. Croquis au crayon noir et à la craie de la figure à mi-corps du berger.

Ce dessin s'est vendu 195 francs à la vente de Laperlier, en 1867.

———

L'Amour et Psyché.

Deux compositions. L'une représentant Psyché s'approchant, une lampe à la main, du lit où dort l'Amour nu. L'autre représente Psyché assise sur le lit, cherchant à retenir l'Amour qui s'envole, son arc à la main.

Deux compositions exécutées vers 1784, et inspirées par la Fable qu'affectionnera toute sa vie le talent du peintre ; deux compositions où le dessin du maître ne s'est point encore dégagé de l'influence de Natoire.

Dessins. Les deux dessins, exécutés à la pierre noire et lavés à l'encre de Chine, sur papier gris, avec rehauts, font partie de la collection de M. Marmontel. Ils proviennent de la vente de M. Pelée (29 juin 1871), où ils ont été adjugés à M. Brame pour 700 francs.

———

— 43 —

L'ENLÈVEMENT DE PSYCHÉ.

Peint par Prud'hon   *Gravé par Henri-Charles Muller*

Tiré du Cabinet de M. le comte de Sommariva.

1er État. — Eau-forte pure. Une épreuve de cet état était vendue, sous le n° 696, à la vente Alphonse David, 1859.

2me État. — Avant la lettre. Une épreuve de cet état, où le groupe seul de la Psyché et des amours a été encré, et où les fleurs du bas de la planche se détachent toutes blanches dans un gaufrage bizarre, appartient à M. Laperlier.

3me État. — Celui décrit. Une épreuve de cet état était vendue 7 fr. 50 c. à la vente du 2 mars 1874.

Il existe une petite estampe au burin, sans nom de peintre ni de graveur.

Il existe encore un trait gravé par Normand.

Le tableau a été lithographié, en 1824, par Aubry-Lecomte avec la mention : *Tiré du cabinet de M. Odiot.* M. His de la Salle en possède une épreuve, qui faisait l'envie d'Aubry-Lecomte.

Peintures. Le tableau original (H. 1m,95 c.·

L. 1^m,59 c.) a été exposé sous le n° 770, au Salon de 1814, avec le titre de : « Psyché enlevée par les zéphirs. » Ce tableau est encore la propriété de la veuve du comte de Sommariva.

L'esquisse du tableau a été vendue 541 fr. à la vente de Prud'hon, 1823.

Dessins. Superbe et puissant croquis (H. 53 c., L. 39 c.), où sur le papier bleu, la craie, fondue et mélangée avec le crayon noir, fait le lumineux d'une chair sous un rayon de lune. Ce dessin appartient à M. His de la Salle.

— Grande étude poussée au fini, au crayon noir et à la craie, sur papier bleu, appartenant à M. Camille Marcille. Ce dessin d'ensemble a été acheté 2,000 francs par M. Marcille père, à la vente Odiot, 1850.

— Un autre grand dessin au crayon noir et à la craie, sur papier bleu, était acheté 1,005 francs par M. de Lamberty à la vente de Boisfremont, 1864.

— Un autre grand dessin inachevé au crayon noir et au lavis, était payé 300 francs, par M. Marcellot, à la même vente.

Psyché et l'Amour.

Psyché laisse tomber une goutte d'huile brûlante sur l'épaule de l'Amour.

Dessin d'une composition non exécutée. Grand croquis (H. 50 c., L. 39 c.). Il est exécuté au crayon noir, sur papier bleu, avec ce système de hachures et de grands losanges de craie, qui mettent sur les parties éclairées des dessins de Prudhon, dans un premier travail, comme les mailles d'un filet lumineux. Ce dessin fait partie de la collection de M. His de la Salle. Il provient de la vente de Boisfremont, 1864, où il a été payé 230 francs.

Psyché et l'Amour.

Psyché est debout dans les bras de l'Amour assis.

Dessin. Première pensée d'une composition non exécutée. Le croqueton au crayon noir et à la craie, sur papier bleu, est dans la collection de M. Camille Marcille.

Psyché et les Fourmis.

Psyché condamnée par Vénus à trier un monceau de grains mélangés, l'Amour envoie à son aide des fourmis qui accomplissent ce travail.

Peinture. Une grasse petite esquisse de ce tableau, qui n'a pas été exécuté, est dans la collection de M. Gariel. Cette esquisse (H. 21 c., L. 8 c. 1/2) provient de la vente de Boisfremont, 1870, où elle s'est vendue 735 francs après avoir été retirée à 450 francs dans la vente de 1864.

Dessin. L'étude rehaussée de la figure de Psyché était achetée 105 francs par M. Morel de Vindé à la vente de Boisfremont, 1864.

—

— 44 —

LE ZÉPHIRE.

Peint par Prud'hon   *Gravé par Laugier 1820*

Tiré du Cabinet de M. le comte de Sommariva.

1er État. — Eau-forte pure. Une épreuve de cet état

était vendue, sous le n° 698, à la vente Alphonse David, 1859.

2ᵐᵉ État. — Avant la lettre. Une épreuve de cet état a été vendue 16 francs à la vente du 13 décembre 1866.

3ᵐᵉ État. — Avec : *Imprimé par Durand.*

4ᵐᵉ Ét. — Avec : *Imp. Lamoureux, rue de Lacépède, 38, Paris.*

Cette composition a été gravée à l'aqua-teinte par Sixdeniers.

Il existe un trait gravé de Normand.

Une petite gravure au burin en a été exécutée par Pitaux.

Une lithographie très-délicate du tableau a été faite par Grevedon, sous le titre : ZÉPHIRE, avec la mention : *Tiré du cabinet de M. le baron de ᴊassaud.* Il y a des premières épreuves avant le titre.

Une autre lithographie, par Schoninger, a paru en 1830.

Peintures. Le tableau (H. 1ᵐ,38 c., L. 1ᵐ,02 c.) exposé au Salon de 1814, fut acheté à la vente du comte de Sommariva 21,050 francs par M. Guenin, qui l'a légué à M. Valpincon à qui il appartient.

L'esquisse qui appartenait au comte d'Espagnac est aujourd'hui dans la collection de M. Richard Wallace.

Une esquisse de la grandeur du tableau original, où le corps du Zéphire est à l'état de grisaille sur un paysage frotté de bitume appartient à M. le comte de Boisgelin. C'est sans aucun doute le Zéphire peint en grisaille acheté 700 francs par Constantin à la vente de Prudhon.

Dessins. Première idée. Étude, au crayon noir et à la craie, sur papier bleu, de l'académie avec l'équilibre du corps et le mouvement des bras et des jambes non encore trouvés. Les deux bras sont rapprochés au-dessus de la tête. La jambe droite est allongée, la jambe gauche repliée : position toute contraire à la position adoptée dans la composition définitive. Ce dessin fait partie de la collection du baron Dejean.

— Seconde étude, au crayon noir et à la craie, sur papier bleu, appartenant à M. Boutron. Cette étude a été payée 445 francs à la vente Boisfremont, 1864.

— Troisième étude au crayon noir et à la craie, sur papier bleu, du travail le plus fini, s'arrêtant aux pieds et aux cheveux. Ce dessin fait partie de la collection du baron Roger Portalis. Cette étude a été payée 410 francs à la vente de Boisfremont, 1864.

— 45 —

APOLLON ET LES MUSES.

Cette composition a été lithographiée deux fois. Une première publication, où chaque figure est sur une feuille séparée, porte pour titre : *Dessins de Prud'hon, lithographiés par J. B.* (Boilly). *A Paris, chez Sieurin, marchand d'estampes, rue de Seine, 13* (1845).

Une seconde publication est précédée d'un frontispice formé par deux figures de Prud'hon, dans lequel est inscrit : *Apollon et les Muses, par Prud'hon. Collection Marcille, 1851. Paris, Sieurin, rue de Seine, 13.*

Cette collection, conforme à la distribution du dessin et tirée sur papier teinté, donne Apollon et les Muses par groupes de deux sur chaque feuille.

Dessin. Grande composition au crayon noir et à la craie, sur papier bleu. Un des plus beaux dessins de Prud'hon, les plus purs, les plus reminiscents des formes antiques.

Il est signé *P.-P. Prudhon* et divisé en cinq compartiments contenant deux figures sous lesquelles l'artiste a écrit avec le crayon noir qui avait servi au dessin : *Euterpe Polymnie,* — *Terpsichore Erato,* — *Apollon Calliope,* — *Thalie Melpomène,* — *Clio Uranie.* Chacun des compartiments (H. 15 c., L. 11 c.).

Le dessin a été primitivement vendu 149 fr. 95 c., sous le n° 310, à la vente Bruun Neergaard. Vers 1832, il est tombé aux mains de M. Demetz pour une somme ne dépassant pas 200 francs. A la vente de M. Demetz, janvier 1840, il était payé 736 francs par M. Marcille père. Aujourd'hui, il fait partie de la collection de M. Eudoxe Marcille.

———

Naïades.

Deux compositions représentant deux corps de femmes allongées sur l'eau au bord d'une rivière.

Ces deux premières pensées ont servi d'âme aux deux compositions de LÉDA et d'EUCHARIS, gravées par Prud'hon fils et dessinées, comme le dit la marge des estampes, par Devéria, *d'après les croquis de feu Prud'hon.*

Dessins. Croquetons du contour le plus gras et éclairés de quelques traits de craie croisés sur le papier bleu. Ils font partie de la collection de M. Camille Marcille. Ils avaient été achetés par M. Marcille père à M. Piché, beau-père d'Auguste Constantin. Je ne sais pas si ces deux croquis n'étaient pas les deux dessins achetés par Prudhon fils à la vente de son père, et aussi catalogués sous le n° 24 : « Deux jeunes naïades jouant dans l'eau. »

Bacchante.

Peinture dans un état de dégradation complète, signée : *Prudhon,* appartenant à Mme Cottinet.

———

Melpomène.

La Muse est représentée une main touchant son front, une main passée dans la bouche d'un masque tragique.

Peinture. Le tableau existait en 1848 chez M. Horthmann, négociant à Colmar. L'indication de cette peinture m'est fournie par un calque fait de cette peinture par Jules Boilly.

Dessin. Une contre-épreuve toute huileuse et toute maculée de noir lithographique, tirée sur papier buvard rose, existe du dessin de cette composition exécutée par Prud'hon, sur papier, au crayon lithographique. Elle est repiquée de blanc dans la figure. Cette contre-épreuve qui nous garde la silhouette d'une composition tout à fait inconnue de Prudhon appartient à M. Grenier.

———

Artemise.

, Artemise est représentée à mi-corps et penchée sur une urne.

Peinture sèche dans le goût d'Élisa Kaufman, signée: *P.-P. Prudhon, 1798.* Elle appartient au baron Michel de Trétaigne.

— 46 —

PARIS ET HÉLÈNE RÉCONCILIÉS PAR VÉNUS.

P.-P. Prudhon, 1824. Imp. Bertauts   Soulange Teissier.

Calcographie du Musée Impérial du Louvre.

Dessins. Première idée. Croquis lumineux à la craie et au crayon noir, sur papier bleu. Il fait partie de la collection de M. Camille Marcille.

— Dessin terminé. Ce dessin, l'un des plus importants, des plus gracieux, des plus faits de Prud'hon, en un mot le chef-d'œuvre du Maître, a été vendu 4,900 francs à la vente Pourtalès, 1865. Il est aujourd'hui la propriété de lord Dudley.

Les Adieux
d'Hector et d'Andromaque.

Hector debout, élancé, soulève de son bras tendu le glaive et le bouclier, tandis qu'Andromaque agenouillée, approche du héros son fils Astyanax qui soulève vers lui ses petites mains jointes. A gauche, le vieux Priam est prosterné au pied de l'autel de Vénus ; à droite, un vieillard descend un escalier.

Dessins. Première idée. Grand croquis léger sur papier bleu, où le mouvement est cherché, tâtonné. Ce dessin a été acheté 121 francs par M. Maherault à la vente Boilly, 1869.

— Grand dessin (H. 40 c., L. 48 c.,). Dessin capital sur papier blanc, au crayon noir et à l'estompe, du faire le plus terminé, et qui semble avoir été fini et caressé pour une gravure qui n'a pas été exécutée. Ce dessin, payé 871 francs à la vente du cabinet Dugleré, 1853, appartient aujourd'hui à M. Chaix d'Est-Ange.

Le corps d'Hector traîné par Achille.

Dessin. Le croquis de cette composition non exécutée, fait en forme de frise (H. 6 c., L. 30 c.) est dans la collection de M. Gariel. Il a été payé 110 francs à la vente de Boisfremont, 1864.

— 47 —

Andromaque.

Prud'hon pinx^t   *Reveil sc.*

Petite gravure au trait portant en haut : *Salon de 1824.*

La veuve pleure sur le sort de son fils dont les yeux, la bouche « et déjà son audace » lui rappellent Hector.

Peintures. Peinture capitale, allusive à la situation de Marie-Louise, en 1814, ainsi que l'atteste une lettre du 8 décembre, datée de Schœnbrunn, ou elle agrée la composition qui lui est soumise.

Ce tableau (H. 130 c., L. 171 c.), annoncé au livret de 1817 et exposé seulement au Salon de 1824, était acheté à la vente de Prud'hon, 6,000 francs par M. de Boisfremont, qui depuis, hélas ! le termina et lui enleva une partie de sa valeur. Exposé au Salon de 1824, il devint plus tard la propriété de M. Laper-

lier, qui l'acheta de M. de Boisfremont
8,ooo francs. A la vente de M. Laperlier il
était acquis par le baron Rivière au prix de
11,000 francs [1].

L'esquisse de cette composition (H. 17 c.,
L. 22 c.), une des plus charmantes et des
plus harmonieuses esquisses du maître avec
variante de la grande composition, intro-
duite à la vente Laperlier par un vendeur
inconnu et achetée 480 francs par M. Van
Cuyck, entrait dans la collection de M. Laurent Richard. A la vente de ce collection
neur, elle atteignait le prix de 9,300 francs.

Dessins. Première idée. Croquis sur papier bleu,
où se débrouille encore confusément la composition
cherchée dans son ensemble, dans sa lumière.
Andromaque, au lieu d'être assise, serre son fils
dans ses bras, agenouillée à terre. Cette première
idée appartient à M. Eudoxe Marcille.

— Dessin terminé. Grand et magnifique dessin
où se sont conservées dans un travail assez avancé
la liberté et la largeur d'un croquis inspiré. Ce des-

---

1. Le Pyrrhus et son confident ont été seulement ébauchés par Prud'hon, supprimés d'abord, puis réintégrés, puis
terminés par M. de Boisfremont; ils sont très-inférieurs au
reste de la composition.

sin au crayon noir, relevé de craie sur papier bleu, appartient M. Hauguet.

Ce dessin provient de la vente de Prud'hon où il a été acheté 630 francs par M. Coutan.

* — Grand dessin au trait, à la mine de plomb, sur une toile prête à être recouverte, composition semblable à l'esquisse de Laurent Richard, appartenant à M. Louis Bourdon.

— Un croquis d'une figure pour le tableau d'Andromaque était vendu 31 francs sous le n° 33 à la vente de Prud'hon, 1823.

— Fragment. Étude rehaussée de pieds et de bras achetée 22 francs par M. Jourdain à la vente de Bois-fremont, 1864.

— Fragment. Cinq études des draperies vendues en deux lots à la même vente : l'un 15 francs, l'autre 51 francs.

— Fragment. Étude rehaussée de la figure de la Nourrice, vendue 95 francs à la vente de Laperlier, 1867.

— Fragments. Deux études rehaussées des bras de Pyrrhus, vendues 37 francs à la vente Laperlier.

COMPOSITIONS

DE

L'HISTOIRE MODERNE.

———

Signature des préliminaires de paix à Leoben.

Le général Bonaparte et l'archiduc Charles signent, le 27 avril 1797, les préliminaires du traité de Campo-Formio.

Dessin. Première idée. Grand croquis au crayon noir, à la craie et à l'estompe, sur papier bleu, faisant partie de la collection de M. Marmontel. Ce dessin provient de la vente de Boisfremont. 1864, où il avait été payé, par Baroilhet, 110 francs.

———

Entrevue de l'empereur Napoléon et de l'empereur d'Autriche aux avant-postes, après Austerlitz.

Groupe des trois figures de Napoléon, de l'empereur d'Autriche, du prince Jean de Lichtenstein; dans le fond, le campement de l'armée française.

Peintures. Très-grande toile (H. 3 m. 94 c., L. 2 m. 56 c.) exposée au Louvre.

Ce tableau provient de la collection de Louis-Philippe. Il est entré au Louvre en 1835, et est inscrit sur l'inventaire sans aucun renseignement.

L'esquisse du tableau commandé par l'empereur (H. 24 c., L. 30 c.), rachetée 400 francs par M. de Boisfremont père, à la vente de Prud'hon, 1823, retirée à 61 francs par M. Boisfremont fils, à la vente de 1864, a été achetée 175 francs par M. Bazaine, à la seconde vente de 1870.

Dessins. Première idée. Croquis au crayon noir, sur papier gris-verdâtre, d'un beau relief et d'une grande originalité de silhouettes. Composition de deux personnages. Il appartient à M. Sensier.

— Première idée. Croquis au crayon noir et à la craie, sur papier bleu appartenant à M. Busquet-Pagnerre.

— Croquis plus avancé au crayon noir et à la craie, sur papier gris, faisant partie de la collection de M. Marmontel.

— Croquis au crayon noir et à la craie, sur papier bleu, où le mouvement des trois personnages et le fond sont différents. Il appartient à M. Lapostolet.

Trois croquis de ces compositions ont été vendus à la vente de Boisfremont, 1864. L'un s'est vendu 25, le second 24 et le troisième 34 francs.

Grand couvert à Tilsit.

Peinture. Esquisse de premier coup, d'un tableau non exécuté et destiné à représenter la réception de la reine de Prusse en juillet 1807.

Cette esquisse (H. 28 c., L. 48 c.), d'une couleur qui semble avoir inspiré la couleur trouble et fauve de « l'Évêque de Liége » de Delacroix, est dans la collection de M. A. Ste-

vens; elle provient de la vente de Boisfremont, 1864, où elle a été payée 620 francs.

Dessin. Croquis au crayon noir et à la craie, sur
papier bleu, croquis à la lumière habilement distri-
buée avec, dans le brouillis du crayon, le remue-
ment de la foule des invités. Ce dessin appartient
également à M. A. Stevens. Il provient de la
vente de Boisfremont, 1864, où il a été payé
60 francs.

Prud'hon aurait encore peint, au début de
sa carrière, des tableaux représentant les
journées glorieuses de la Révolution, tableaux
qui méritèrent au peintre des prix aux concours révolutionnaires, et dont l'un était peut-
être cette toile de la prise de la Bastille,
composée de cent cinquante figures, que
mentionne M. Paul Lacroix. Ces compositions
historiques sont perdues.

SCÈNES

DE

LA VIE CONTEMPORAINE.

— 48 —

Femme filant au rouet.

P^e.-P^l. *Prudon del.*   Le Bon *W. J. sc.*

— 49 —

Femme faisant chauffer la bouillie de son enfant.

P^e.-P^l. *Prudon del.*   Le Bon *W. J. sc.*

Ces deux rares petites pièces, gravées à l'eau-forte par

le baron de Joursanvault, sont des premiers temps de Pru-
d'hon, des années de son séjour à Cluny [1].

Une famille heureuse.

Dessin à la plume sur papier blanc.

Ce dessin qui a été fait vers 1784 et qui ressemble
à la copie d'une estampe de Schenau, appartient à
Mᵐᵉ Fauconnier mère.

Un villageois caressant une jeune fille dans une grange.

Peinture.

---

1. M. Mouilleron attribue à Prud'hon deux autres pièces
qu'il croit gravées par M. Joursanvault. L'une représente des
paysans chassant, du seuil de leur chaumière, de petits musi-
ciens ambulants. L'autre un mendiant à jambes de bois aumoné
par un homme dans la poche duquel un voleur met la main.
Ces deux pièces dont on ne connaît jusqu'à ce jour que ces deux
uniques épreuves, ne portent malheureusement ni le nom du
graveur, ni le nom du dessinateur. Il en est de même pour une
feuille de croquis divers, achetée à Beaune, chez un fripier, par
M. Clément, et dont les compositions bien certainement gravées par M. de Joursanvault pourraient être de Prud'hon.

Une jeune fille tourmentée par des marmots.

Peinture.

Ces deux peintures, du temps du premier séjour de Prud'hon à Paris, ont été vendues à la vente Pelée.

———

Jeune fille au bain.

Peinture qui semble la peinture d'un Pollemburg français. Curieux témoignage des nombreuses imitations, des nombreuses tentatives, des nombreux essais de Prud'hon avant de s'être fait une peinture personnelle.

Ce tableau, signé *P.-P. Prudhon* (sic) appartient à Mme Fauconnier mère.

———

La Bouquetière.

La Bouquetière est représentée offrant les fleurs de son éventaire, un poing sur la hanche.

Dessin au crayon noir et à la craie, sur papier

verdâtre, dessin de la jeunesse de Prud'hon donné en 1812 par Prud'hon à Constantin. Il appartient à Mme veuve Amédée Constantin.

———

Départ pour la chasse.

Des hommes armés de fusils prennent congé à la lisière d'un bois, de femmes assises qu'ils embrassent.

Peinture. Petite esquisse ronde de la grandeur d'un fond de tabatière, joliment empâtée. Cette composition inconnue, dont la peinture des petites figures me semble indiscutable appartient à M. Alfred Stevens, qui l'a achetée comme une « scène représentant le départ des Vendéens ».

———

— 50 —

Mange, mon petit, mange...

P.-P. Prudhon pinxit.   *B. Roger sculp^t.*

A Paris, chez Bance aîné et chez Roger.

1er État. — Avant le titre, avec les noms du peintre et du graveur à la pointe:

2ᵐᵉ État. — Celui décrit. Une épreuve de cet état avec une épreuve du pendant était vendue 2 francs à la vente d'Alphonse David, 1859.

— — —

— 51 —

Oh! les jolis petits chiens.

*P.-P. Prudon pinx*ᵗ. B. Roger sculp.

Mêmes adresses que le nº 50.

1ᵉʳ État[1]. — Avant le titre, avec les noms du peintre et du graveur à la pointe. Une épreuve de cet état était vendue 3 francs à la vente d'Alphonse David, 1859.

2ᵐᵉ État. — Celui décrit.

Les deux pendants ont été lithographiés en contre-partie par A. Colette, sous les titres : LES PETITS LAPINS, LES PETITS CHIENS.

Peinture. Le tableau (H. 22 c., L. 16 c.) a été acheté en 1867 par lord Hertfort à la vente Laperlier 6,500 francs. M. Laperlier avait payé ce tableau 3,000 francs à Constantin fils.

Dessin. Un petit dessin terminé de cette composition, dessin assez douteux, était en vente il y a une

1. Je ne connais pas d'état d'eau-forte de ces deux pendants.

dizaine d'années chez M. Clément, le marchand d'estampes.

———

Les plaisirs de la maternité.

Dessin sans indication du faire et du procédé, vendu sous le n° 36 à la vente Prud'hon, 1823. Serait-ce une étude pour le tableau de la *Mère heureuse* de Mlle Mayer ?

———

L'Amour à la fontaine.

Un jeune homme, portant des mains amoureuses sur les seins d'une jeune fille, assise sur le rebord d'une auge.

Dessin. Croquis très-léger, très-fondu, au crayon noir et à la craie sur papier bleu d'une composition non exécutée (H. 20 c., L. 16 c.). Ce croquis fait partie de la collection de M. His de la Salle.

———

— 52 —

INNOCENCE ET AMOUR.

Prud'hon inv et del.*   *Villerey sculp., 1817.*

   A Paris, chez Villerey, etc. et chez Bance, etc.

Dans la marge, un Amour dépose une rose sur un autel.

1er État. — Eau-forte pure. Une épreuve de cet état a été vendue 12 francs à la vente du 5 juin 1872.

2me État. — Avant toute lettre avec l'Amour de la marge s'appuyant sur un écusson au lieu d'un autel. Une épreuve de cet état a été vendue 10 francs à la vente du 5 juin 1872.

3me État. — Celui décrit.

Une lithographie sans nom de lithographe, imprimée chez Langlumé, a reproduit le groupe amoureux avec cette légende : *Finissez Colin, je me fâcherai!!*

Dessins. Première idée. Croquis au crayon noir et à la craie, sur papier bleu. Un souffle, un nuage, un griffonnage qui est bien la plus poétique et la plus passionnée représentation du Désir amoureux.

Ce dessin fait partie de la collection de M. Eudoxe Marcille, qui l'a acheté 650 francs à la vente de Boisfremont, 1864.

— Le dessin terminé au crayon noir et à la craie sur papier bleu fait partie de la collection du duc d'Aumale.

— 53 —

HYMEN ET BONHEUR.

Prud'hon inv,   *Villerey sculpt.*

A Paris, chez Villerey.

Dans la marge, un Amour, le doigt sur la bouche, donne l'envolée à deux colombes.

Cette composition à l'aspect fort peu prud'honien et où ne se trouve pour ainsi dire rien du Maître aurait été, d'après le dire de M. Maherault, arrangée par Deveria d'après un croquis de Prud'hon.

— 54 —

LA TOILETTE[1].

Prud'hon pinxit. Maurin d'après le tableau original de Prud'hon tiré du Cabinet de M. Grille. Lith. de Villain. Chez Sazerac et Duval etc.

1. Une autre composition représentant devant la psyché de LA TOILETTE Mlle Mayer en robe décolletée, défaisant le nœud blanc d'un soulier de bal, tandis que l'autre pied, déjà nu, repose sur le tapis, a paru lithographiée chez Villain, avec la mention de *Boisfremont pinx[t]. Maurin delineav.* Je croirais volontiers que cette peinture a été aidée et soutenue par un croquis, peut-être par une esquisse du Maître et de l'amant.

Des épreuves portent la mention qu'elles sortent de l'imprimerie Langlumé. Elles se vendaient chez l'éditeur, passage de l'Opéra.

Une reproduction plus petite par Maurin, lithographie de Lemercier.

Peinture. Le tableau (H. 33 c., L. 33 c.) appartient à M. Guibert, banquier de Caen.

M. Villot nous apprend que ce tableau qui n'est au fond qu'un petit portrait en pied de Mlle Mayer, a été vendu 1,100 francs à M. Guibert par M. Grille, en 1830.

Dessins. La première pensée de cette composition, un croquis rehaussé, a été payé à la vente de Boisfremont, 1864, 17 francs.

— Le dessin d'ensemble de la composition a été vendu à la même vente 450 francs. Est-ce le dessin vendu 21 francs sous le n° 31 à la vente Prud'hon?

— L'étude rehaussée de la psyché était vendue à la même vente 48 francs.

— Une étude rehaussée du rideau était vendue à la même vente 17 francs.

ALLÉGORIES.

ALLÉGORIES DIVERSES.

— 55 —

MINERVE ALIMENTANT LES ARTS ET LES SCIENCES.

Prud'hon inv.   *Mlle A. Bleuze sc.*

1er État. — Avant toutes lettres. Une épreuve de cet état était vendue 6 francs 50 c. à la vente Alphonse David, 1859.

2e État. — Celui décrit.

Peinture. Esquisse dont la toile n'est pas entièrement recouverte, et où le premier travail de grisaille des chairs est à peine rosé. Cette esquisse fait partie de la collection de M. His de la Salle. C'est l'esquisse achetée

200 francs par M. Beloc sous le n° 17 à la vente de Prud'hon. A la vente de M. Beloc, elle tomba entre les mains d'un ancien domestique de M. Lacaze, qui, à servir le fameux collectionneur, avait pris le goût des tableaux et s'était fait brocanteur. La toile fut apportée un matin à M. His de la Salle qui fut agréablement surpris d'entendre répondre à son : Combien en voulez-vous — « Trois cents francs. » Cette esquisse (H. 67 c., L. 72 c.) est en tout semblable à la petite gravure de Mlle Bleuze, à l'exception de la chouette qui manque encore dans la préparation.

Dessins. Première idée. Léger croqueton au crayon noir et à la craie sur papier bleu qui n'est encore qu'une vague indication. Ce dessin, payé 49 francs à la vente de Boisfremont 1864, appartient à Mme Aubry-Vitet.

— Dessin plus terminé sur papier bleu avec les amours doucement estompés. Ce dessin mis au carreau appartient à M. Roger-Jourdain. Il provient de la vente de Boisfremont 1865, où il été acheté 205 francs.

— Fragment. Étude arrêtée sur papier bleu, de la figure de la Minerve tenant la lampe. Collection de M. Eudoxe Marcille.

Vénus, l'Hymen et l'Amour.

Vénus allongée sur un lit de repos, a l'Amour dormant la tête posée sur un de ses genoux; un génie, debout derrière Vénus, semble réveiller l'Amour.

Peinture. Grisaille toute pleine de réminiscences italiennes appartenant à M. Cottinet. Le tableau aurait été donné par Prud'hon à Parent, peintre de la manufacture de Sèvres.

Dessin. Première idée. Grand et puissant croquis au crayon noir rehaussé de craie sur papier gris, faisant partie de la collection de M. Eudoxe Marcille. Ce dessin provient de la vente Boisfremont 1864, où il été payé 650 francs.

———

— 56 —

L'AMOUR ET L'AMITIÉ.

*Peint par Prud'hon.   Lithog. par Aubry-Lecomte, 1850.
Imp Bertauts à Paris.*

L'AMOUR ET L'AMITIÉ a été également lithographié par Collette et 136 épreuves de cette estampe étaient vendues en 1871 à la vente du fonds Hourlier.

Peinture. Le tableau (H. 1 m. 45 c.,
L. 1 m. 12 c.) exposé au Salon de 1793 sous
le n° 679, a d'abord appartenu à M. Didot,
puis à M. Vautier, à la vente duquel il a été
vendu 7,000 francs. On le retrouve en 1865
à la vente du duc de Morny, où, sous le
titre de « l'Amour et Psyché », il s'élève à
9,500 francs.

Dessins. Première idée. Croquis au crayon noir
et à la craie sur papier bleu, faisant partie de la
collection de l'École des beaux-arts. Ce dessin a été
donné par M. His de la Salle.

— Grand croquis recouvert du premier travail de
petites lignes perpendiculaires, familières à Prud'hon
dans ses académies. Ce dessin, payé 700 francs à la
vente de Boisfremont 1864, fait partie de la collection du baron Dejean.

— Étude rehaussée de la tête de « l'Amour »,
vendue 350 francs à la même vente. Est-ce la tête
appartenant à M. de la Salle, lithographiée par Bellanger.

— Étude rehaussée de la tête de « l'Amitié »
vendue 360 francs à la même vente.

— Étude rehaussée de l'épaule de « l'Amitié »,
vendue 37 francs à la même vente.

Voir le n° 169 aux Têtes d'expressions.

Mercure.

Il est représenté de face, coiffé du pétase aux deux ailes attaché par une mentonnière.

La Folie.

Elle est représentée de face, souriante sous le bonnet aux grelots.

Ces deux dessins au crayon noir et à la craie, portant la marque de M. Desperet, appartiennent à M. Meaume.

Ville personnifiée par une tête de Cybèle.

Dessin. Le dessin terminé à la mine de plomb fait partie de la collection de M. Camille Marcille.

Je n'introduis pas dans les allégories « la Rosée du matin, » lithographiée par Pirodon dans les *Artistes anciens et modernes*, d'après un prétendu tableau de Prud'hon qu'aucun amateur ne connaît.

ALLÉGORIES AMOUREUSES.

— 57 —

LE CRUEL RIT DES PLEURS QU'IL FAIT VERSER.

P.-P. Prudhon inv.   *Copia sculp.*

Imprimé par Demonceaux.
A Paris chez Copia. Rue Boucher. Section du Museum n° 6.

1er État. — Eau-forte pure. Une épreuve de cet état était vendue, avec l'épreuve terminée, 22 francs à la vente du 9 mars 1874.

2me État. — Sans inscription et sans adresse; les noms de Prud'hon et de Copia à la pointe. Une épreuve de cet état avec une épreuve du pendant, était vendue 41 francs à la vente Palla, 1873.

3me État. — Semblable au précédent avec l'ajouté de : *Société de la réunion des beaux-arts.*

4me État. — Celui décrit. Une épreuve de cet état avec une épreuve du pendant, étaient vendues 2 francs à la vente d'Alphonse David, 1859.

Dessins. Première idée. Puissant croquis sur papier bleu largement sabré de craie. Il fait partie de la collection de M. le comte de Lariboisière.

— Dessin terminé. Dessin à la plume sur papier blan؟ du plus extrême fini. Les demi-teintes sont légèren ent lavées et les chairs exécutées avec un pointi؟ é qui a la douceur du pointillé gravé. Signé : F *Prudhon D.* Il fait partie de la collection de M. C ؟stantini.

— Un dessin possédé par M. Arago présente une variante curieuse. L'Amour n'y est pas représenté, dit M. Clément, et au-dessus de la place qu'il occupe dans le dessin de M. de Lariboisière, s'élèvent dans les airs deux figures entrelacées.

— Fragment. Une étude rehaussée de la tête de l'Amour a été vendue 155 francs à la vente Boisfremont, 1864.

— 58 —

L'AMOUR RÉDUIT A LA RAISON.

Prudon del.   *Copia sculp.*

Tiré du Cᵗ du Cᵉⁿ d'Arlet.

A Paris chez Constantin, Mᵈ de Tableaux. Quai de l'École nᵒ 4, et chez Copia Rue Boucher nᵒ 6. Imprimé par Demonceaux.

Cette gravure est le produit d'une association de Copia, de Constantin et de Prud'hon, qui précéda l'association de Prud'hon et de

Roger pour l'estampe, l'AMOUR SÉDUIT L'IN-
NOCENCE.

1er État. — Eau–forte pure. Une épreuve de cet état
était vendue sous le n° 629 à la vente du 10 novembre 1873.

2me État. — Sans inscription et sans adresse; les noms
de Prud'hon et de Copia à la pointe. Une épreuve de cet
état était vendue 2 francs à la vente Alphonse David, 1859.

3me État. — Semblable au précédent avec l'ajouté en
lettres grises de : *Société de la réunion des beaux-arts*,
entre les noms du peintre et du graveur. Une épreuve de cet
état était vendue 11 francs à la vente du 12 mars 1874.

4me État. — Celui décrit. Une épreuve de cet état, imprimée au bistre, était vendue 2 fr. 50 à la vente d'Alphonse David, 1859.

Dessins. Première idée. Croquis sur papier gris
légèrement indiqué avec du blanc et du noir sans
trait arrêté. Il fait partie de la collection de M. le
comte de Lariboisière.

Les deux croquis possédés par M. de Lariboisière semblent être les deux dessins qui ont passé
sous le n° 309, à la vente de Bruun Neergaard, 1812.
Ils étaient alors vendus 50 francs.

— Dessin terminé. Dessin sur papier blanc au
crayon noir, de la précieuse facture de son pendant.
Signé : *P. Prudhon D.* Il fait partie de la collection
de M. Costantini.

Ce dessin doit être le dessin exposé par Prud'hon

au Salon de 1793, où il est indiqué au livret comme exécuté à la plume.

———

— 59 —

L'AMOUR SÉDUIT L'INNOCENCE, LE PLAISIR L'ENTRAINE, LE REPENTIR SUIT.

F^{re}.-Pl. *Prud'hon inv. del.*   *B. Roger sculp^t.*

1er État. — Eau-forte pure avec, au milieu sous le filet du bas, à la pointe, *B. Roger sculp. aqua forti*. — Rare, chez M. Maherault.

2me État. — Avant l'inscription avec les noms du peintre et du graveur. Une épreuve de cet état avec une épreuve de L'INNOCENCE PRÉFÈRE L'AMOUR A LA RICHESSE, de Mlle Mayer, était vendue 8 fr. 50 à la vente d'Alphonse David, 1859. — 25 francs à la vente du 2 mars 1874.

3me État. — Celui décrit.

A propos de cette gravure, une note du graveur Roger, publiée par M. Clément, donne des détails intéressants sur l'association du peintre et du graveur pour la publication d'une planche. Constantin apportait les fonds, Prud'hon son dessin, Roger son temps, et les bénéfices devaient se partager par tiers. La chose ainsi réglée, Roger fait la gravure à l'eau-forte d'après un dessin commencé à la plume et un autre terminé au crayon noir et blanc. Le dessin des figures principales tardant pour la terminaison de la planche,

Constantin se retire, remboursé de ses déboursés par le peintre et le graveur. Et Roger recommence son eau-forte d'après deux nouveaux dessins ; l'un d'après nature pour le groupe de l'Amour et de l'Innocence, l'autre pour la figure du Repentir. La planche terminée, Prud'hon, qui était sur le point de marier sa fille, proposa à Roger de lui vendre la moitié de la planche et de son droit d'auteur. Roger accepte et paye à Prud'hon 3,668 francs. Roger dit que ce fut une mauvaise affaire qui ne lui rapporta, tout au plus, que l'argent qu'il avait remis à Prud'hon.

La note se termine par l'énumération des dessins et tableautins, dans lesquels l'Allégorie a pris corps : 1º un dessin commencé à la plume, non terminé et que Roger avait demandé pour assurer sa propriété de la planche ; 2º un dessin sur papier bleu, vendu à M. Brunet architecte ; 3º une esquisse peinte sur bois, demi-figures, vendue à M. Hyacinthe Didot, esquisse qui est aujourd'hui avec le croquis dans la collection de M. His de la Salle ; 4º deux dessins sur papier blanc : le groupe de l'Amour et de l'Innocence, vendue à Mᵐᵉ Pendoux ; la figure du Repentir vendue à M. Jules Renouard ; 5º un tableau peint sur toile, commencé par Mˡˡᵉ Mayer et fini par Prud'hon, vendu à M. Saint peintre.

Peintures. Le tableau de la composition (H. 95 c., L. 78 c.) fut vendu 2,650 francs à la vente de Prud'hon et entra dans la collection de M. Odiot.

Une petite esquisse (H. 8 p. 3 l., L. 8 p.)

où les figures étaient représentées à mi-corps était vendue en 1825 à la vente Didot. C'est l'esquisse dont il est parlé dans la vente du graveur Roger.

Cette esquisse (H. 22 c. L. 20 c.), dont la peinture est malheureusement perdue, fait partie de la collection His de la Salle. Elle provient de la vente Coutan, et a été payée 500 francs d'après le souvenir de M. His de la Salle.

Une autre esquisse, où les figures étaient entières, était vendue à la même vente.

Une esquisse a été achetée 8,000 francs sous le n° 142 à la vente Saint par lord Yarmouth.

Est-ce la seconde esquisse de la veuve Didot?

Une petite esquisse froidement porcelainée, appartenant à M. le duc de Narbonne, a été exposée à l'École des beaux-arts.

Une grande esquisse d'un ton plus blond appartenant à M. le marquis de Colbert-Chabanais, a été exposée à l'École des beaux-arts. Est-ce le tableau de la vente Odiot?

Dessins. Première pensée. Un petit croqueton à la plume, de cette composition, existe dans l'album d'Italie de Prud'hon.

— Un second petit croqueton à la plume, où la tête du Plaisir est de face au lieu d'être de profil, porte écrit au crayon de la main de Prud'hon un titre qui n'a pas été conservé : *l'Amour, la Frivolité, le Léger Badinage, le Repentir qui les suit.* Ce croqueton fait partie de la collection de M. His de la Salle.

— Grand dessin lavé et repris à la plume sur papier blanc, pour servir de modèle au graveur. Les têtes de l'Amour et de l'Innocence et le haut des têtes : c'est tout ce qu'il y a de fait. Le dessin appartient à Mme Charpentier, filleule de Prud'hon.

— Gros trait à la plume sur papier blanc de la composition avec l'indication des ombres par quelques larges linéatures. Ce trait appartient à M. Dieterle.

— Fragment. (H. 37 c., L. 25 c.) Les deux figures du « Plaisir et de l'Innocence, » dessin très-fini au crayon noir et à la craie, sur papier blanc de la collection de M. Camille Marcille. Cette étude faite d'après le modèle de femme, Marguerite, et le modèle d'homme, Julien, a été payée 416 francs à la vente de Poterlet père, décembre 1840. '

— Fragment. Étude rehaussée de l'Amour, faisant partie de la collection de M. Carrier.

— Fragment. L'étude rehaussée du Plaisir, figure entière, achetée 150 francs par M. Taigny à la vente de Boisfremont, 1864.

— Fragment. Une autre étude du Plaisir, figure entière, achetée 190 francs à la vente de Boisfremont, 1864.

— Fragment. L'étude rehaussée de l'Innocence, figure entière, achetée 400 francs par M. Van Cuyck, à la vente de Boisfremont, 1864.

— Fragment. Étude rehaussée d'un bras avec la main, achetée 35 francs par M. Basset à la même vente.

———

— 60 —

LE REPENTIR.

Dessin de Prud'hon.   *Collection de Marcille.*

Paris Sieurin. Lith. par Jul. Boilly.

Fragment du n° 59.

L'étude du Repentir (H. 32 c., L. 16 c.), figure entière. Dessin terminé à la craie et au crayon noir, sur papier bleu, faisant partie de la collection de M. Camille Marcille. Ce dessin a été payé 1,200 fr. par M. Marcille père, à la vente Jules Renouard, mai 1855.

———

— 61 —

L'AMOUR.

D'après le dessin original de P.-P. Prudhon. — Gravé par J. Prudhon fils.

A Paris chez Basset, etc.

1er État. — Avant la lettre. Une épreuve de cet état était vendue 7 fr. 50 à la vente Alphonse David, 1859.

2me État. — Celui décrit. Il y a des épreuves tirées en couleur.

Lithographié également par Mendoze avec le titre : Ça brule, et encore par J. Boilly avec le titre de : l'Amour.

Dessin. Le dessin au crayon noir et à la craie, estompé sur papier bleu, appartient à M. Alphonse de Rothschild.

Ce dessin, je crois bien, provient de la vente Bruun Neergaard, où il se vendait 100 francs sous le n° 311.

— 62 —

L'AMOUR CARESSE AVANT DE BLESSER.

P.-P. Prudhon inv^t et del.   *B. Roger sc.*

Paris Garnison, Rue Folie-Méricourt.

Cette planche fut rachetée avant sa publication 240 fr. à la vente de Prud'hon par le fils aîné du peintre.

1ᵉʳ État. — Eau-forte pure dans l'Œuvre de Roger.

2ᵐᵉ État. — Avant l'inscription et avec : *P.-P. Pru-d'hon inv. del. B. Roger sc.,* gravés à la pointe. Une épreuve de cet état était vendue 14 francs à la vente Alphonse David, 1859.

3ᵐᵉ État. — Celui décrit.

Cette composition a été également lithographiée par Jules Boilly sous le titre : LA CARESSE.

Dessins. Grand dessin au trait sur papier blanc, ne donnant que la silhouette sans aucun modelage. Ce dessin faisait partie de la collection du prince Alexandre Soutzo. Ce dessin vient de se vendre 240 francs à une vente de février 1876.

— Grand dessin doucement estompé, avec les fonds, les ailes et les cheveux de l'Amour, faits avec la teinte neutre produite par la fonte et le mélange du crayon noir et de la craie. Ce dessin (H. 40 c., L. 28 c.), terminé pour la gravure, faisait partie de la collection de M. Camille Marcille. C'est le dessin payé 450 francs sous le nº 20 à la vente Prudhon, 1823. Il avait été acheté 800 francs à la vente de Van Os, peintre de fleurs, par M. Marcille père. Ce dessin vient de se vendre 1,150 francs à la vente du 6 mars 1876.

— 63 —

LE COUP DE PATTE DU CHAT[1]
OU LES PEINES QUE L'AMOUR NOUS CAUSE.

Peint par Prudhon père.   ·   *Gravé par Prudhon fils.*

A Paris chez Pomel.

1er État. — Avant le titre et avec, dans la marge du bas, gravé à la pointe : *Prudhon fils sc.*

2me État. — Celui décrit.

A été également gravé par Jules Boilly sous le titre de : L'ÉGRATIGNURE.

Peinture. Le tableau a été vendu 1,105 francs sous le n° 14 à la vente de Prud'hon.

Une esquisse légère de cette composition a été vendue, sous le n° 106, à la vente de M. de Cypierre, 1845.

Dessins. Première pensée. Un croqueton, rehaussé de la composition, a été acheté 20 francs par M. de Saint-Pierre, à la vente de Boisfremont, 1864.

— Une toute première idée de l'Amour tenant le Chat, dessin à l'estompe sur papier bleu avec rehauts de blanc, appartenait à Mlle d'Élisa Voiart. Dans cette première idée, aux extrémités à peine

---

1. Cette composition est quelquefois désignée sous le titre : « l'Amour riant des pleurs de l'Innocence ».

indiquées, l'Amour était une jeune fille, coiffée d'un mouchoir sur le haut de la tête, et la jeune fille pleurante sur laquelle l'Amour s'appuie n'existait pas. Dans une lettre d'Élisa Voïart, que me communique M. Laperlier, elle offrait pour 100 francs ce dessin qu'elle disait un des plus gracieux dessins du Maître.

— Le dessin terminé pour la gravure au crayon noir et à la craie, sur papier bleu, fait partie de la collection de M. Eudoxe Marcille.

— Un autre dessin très-terminé au crayon noir et à l'estompe (H. 40 c., L. 29 c.), provenant ainsi que les petites esquisses vendues chez Denou du legs Valedeau, fait partie du Musée de Montpellier.

— 64 —

LES PRÉPARATIFS DE LA GUERRE.

Prud'hon del.   Collection Marcille.   Lith. par Jul. Boilly.

De cette composition représentant un Amour assis, appuyé sur son arc et entouré de Cupidons allumant leurs flambeaux, M. Eudoxe Marcille possède une grande gravure contemporaine, considérée comme la seule épreuve connue. Cette gravure ou plutôt ce morceau de gravure est limité à la partie supérieure de la planche, où le pointillé d'un Copia ou d'un Roger n'a encore couvert que la tête, les ailes, le bras de l'Amour appuyé sur son arc, et le haut du corps des petits Cupidons allumant leurs brandons à une torche.

Une seconde épreuve a passé à la vente du 1er décembre 1856; elle est dans la collection de M. Laperlier.

Dessins. Un des plus beaux, des plus importants,
des plus puissants de facture du maître. Il est fait
au premier coup, d'un large crayon noir sur papier
bleu et relevé de hardis coups de plume. Collection
Camille Marcille. Ce dessin (H. 34 c., L. 43 c.)
vient de se vendre 720 francs à la vente du
6 mars 1876.

— Étude très-terminée sur papier blanc du grand
Amour, où le fin égrenage du crayon joue le pointillé. Collection Eudoxe Marcille.

— Étude sur papier jaune du grand Amour dans
la partie supérieure, traitée avec le fini qu'apporte
Prud'hon pour les dessins qu'il destinait à servir de
modèles au graveur. Ce dessin appartient à M. Pe-
louse.

_____ __

L'Amour.

Un Amour dont on ne voit que le haut du
buste, une joue appuyée sur ses deux mains
croisées.

Peinture. Cette petite toile fait partie de la
collection de M. Buzareingues.

_____

— 65 —

L'Amour vainqueur.

Prudhon pinx.   *Vidal del.*

Imp. lith. de Mlle Fromentin.

L'Amour debout avec un lion couché à ses pieds.

Quelques amateurs mettent en doute l'authenticité de ce Prud'hon, dont on ne connaît pas, je crois, la peinture originale.

L'Amour prisonnier.

Une femme nue, penchée sur l'Amour, le retient par les ailes.

Dessin. Large croquis au crayon noir et à la craie, sur papier bleu, appartenant à M. Marmontel. Ce dessin a été payé 325 francs à la vente de Boisfremont, 1864.

ALLÉGORIES POLITIQUES

La Récompense accordée à l'Héroïsme guerrier.

La Vertu soutient le héros, l'Immortalité le couronne, la Reconnaissance fait inscrire ses actions au temple de Mémoire.

Dessin au crayon noir et à la craie sur papier bleu, faisant partie de la collection de M. Eudoxe Marcille. Ce dessin, d'un format très-grand et d'une facture très-naïve, semblerait avoir fait partie d'un concours pour l'École de Dijon ; la même composition ayant été traitée par Devosges fils. Il fait partie de la collection de M. Eudoxe Marcille.

— 66 —

L'AURORE DE LA RAISON COMMENCE A LUIRE ET LE GÉNIE DE LA LIBERTÉ ÉTABLIT L'EMPIRE DE LA SAGESSE SUR LA TERRE.

Gravé par Perée.

Le nom du peintre n'existe pas dans l'estampe.

On ne connaît de cette estampe qu'un état qui s'est vendu 7 fr. 50 c. à la vente du 2 mars 1874.

Cette composition est incontestablement le dessin qui a été exposé au Salon de 1791 sous le n° 540, et a été ainsi décrit : « Un dessin à la pierre noire représentant un jeune homme appuyé sur le dieu Terme. »

Dessin au crayon noir sur papier blanc, le devant du cippe, la tête de Minerve et le corps du Génie, finement travaillés dans un ton de grisaille fait par un mélange de crayon noir et de craie ou de gouache. Le bonnet phrygien que le Génie porte dans le dessin a été supprimé dans la gravure. Ce dessin appartient à M. Mène.

La Tyrannie.

Le peuple opprimé invoque la Raison qui amène la Révolution suivie du Progrès.

Dessins. Première idée. Un croqueton de la composition a été vendu sous le n° 29, dans un lot de trois dessins à la vente de Boisfremont, 1870.

— Dessin au crayon noir et à la craie sur papier bleu verdâtre, dessin d'une grande tournure, mais d'une assez faible exécution.

Ce dessin (H. 30 c., L. 53 c.), acheté 2,550 francs par le prince Napoléon à la vente de Boisfremont, 1864, et devenu depuis la propriété du comte Duchâtel, est aujourd'hui dans la collection de M. le baron Dejean.

— 67 —

CONSTITUTION FRANÇAISE FONDÉE SUR LA SAGESSE, SUR LES BASES IMMUABLES DES DROITS DE L'HOMME ET DES DEVOIRS DU CITOYEN.

P.-P. Prud'hon invenit.   *Copia sculpsit.*

Chez Copia et chez Bance.

1er État. — Eau-forte pure avant les noms et avant toutes lettres. État rare, possédé par M. Eudoxe Marcille.

2me État. — Avec l'inscription et les noms du peintre et du graveur à la pointe : *Prudhon invenit. Copia sc.* Une épreuve de cet état était vendue 10 francs à la vente Alphonse David, 1859.

3me État. — Sous les noms du peintre et du graveur trois lignes de texte, divisées en deux colonnes : *Couverte d'un casque et d'une cuirasse sur lequel brille le Soleil de la Vérité, Minerve engage la Loi aussi cuirassée, le front ceint d'un diadème et tenant le sceptre de la Vigilance à s'unir à la Liberté. La déesse de la Sagesse semble leur* imposer son joug en appuyant ses mains sur leurs épaules. *La Liberté invite à cette heureuse réunion la Nature qui tient ses enfants par la main. Un animal qui dans l'état de domesticité n'a jamais pu être réduit à l'état de servitude, un chat, emblème de l'Indépendance est assis aux pieds de la Liberté. Auprès de la Loi s'avance un enfant qui porte une branche de chêne et une tablette chargée d'une inscription. Du même côté un lion muselé conduit par le Génie marche paisiblement et de front avec un agneau. Deux bas-reliefs analogues au sujet principal ornent le piédestal de cette allégorie.* Une épreuve de cet état était vendue 5 francs à la vente Alphonse David, 1859. — 26 francs à la vente du docteur Pons, 1872.

4me État. — Celui décrit et où ne sont plus les trois lignes de la marge.

5me État. — Avec nombre d'inscriptions introduites dans l'estampe et portées par les Amours au bout de petites pelles, et avec les changements suivants dans les grandes inscriptions : *La loi sûreté de tous* remplacée par : *Le souverain veille au bonheur et à la sûreté de tous; l'Égalité* remplacée par : *Amélioration dans le soulagement des indigens.* En outre l'inscription de la base a fait place au texte : *Cette allégorie est consacrée au génie immortel de Napoléon Ier.* Enfin au bas de l'estampe arrangée au goût de la politique triomphante, sont gravées les Armes impériales, avec cette ligne de dédicace : A Napoléon Premier, Empereur des Français.

Dessins. Le dessin d'ensemble, au crayon noir et à la craie sur papier bleu, a dans son entablement trois

cartouches à la plume; celui de gauche représente « l'Égalité », celui de droite « la Loi
protégeant la faiblesse contre le meurtrier ». Dans
le cartouche du milieu Prud'hon a écrit : *Constitution française. La Sagesse unit la Loy avec la
Liberté et celle-ci appelle à cette union la Nature
avec tous ses droits.*

Le grand dessin de la composition (H. 30 c., L.
47 c.) ainsi que les deux petits dessins de la Loi et
de l'Égalité (H. 5 c., L. 11 c.) font partie de la collection de M. Eudoxe Marcille.

— Un autre dessin de la même composition avec
les deux petits bas-reliefs de la Loi et de la Force
détachés du sujet principal, existe au Musée de
Dijon. La description qu'a bien voulu m'envoyer de
ce dessin M. Émile Gleize, le conservateur du
Musée, ne signale avec la composition gravée que
des différences insignifiantes.

Ce dessin (H. 35 c., L. 48 c.) peut être le dessin
d'après lequel a été gravée l'estampe de Copia, est
exécuté à la plume et à l'encre de Chine. Il provient
du legs d'Anatole Devosge et figure au Musée de
Dijon sous le n° 1134.

———

— 68 —

L'ÉGALITÉ.

Prud'hon, inv.   *Copia sculp.* (à la pointe).

Au-dessous, on lit : *Ils sont tous égaux dans la Société comme devant la Nature.*

Chez Copia, rue Boucher, n° 6.

C'est la gravure du cartouche de droite de la Constitution française.

1er État. — Avant le titre et les noms des auteurs à la pointe.

2me État. — Celui décrit. Une épreuve de cet état avec une épreuve du pendant était vendue 17 francs à la vente du 3 mars 1874.

3me État. — Avec l'adresse de Depeuille, rue Franciade.

— 69 —

LA LOI.

Prud'hon invenit.   *Copia sculp.* (à la pointe).

Au-dessous, on lit : *Le Faible trouve sa force dans la Loi qui le protége.*

Chez Copia, rue Boucher, n° 6.

C'est la gravure du cartouche de gauche de la Constitution française.

1er État. — Avant le titre.

2me État. — Celui décrit.

3me État. — Avec l'adresse de Depeuille, rue Franciade.

M. Clément a vu chez M. Mouilleron une contrefaçon de LA LOI faite sous la Restauration, dans laquelle on a donné au criminel la tête de Napoléon et semé de fleurs de lis la draperie de la femme qui personnifie la Loi. La tablette porte pour légende : *La France protégeant la Jeunesse des coups du Despote.*

———

— 70 —

LA LIBERTÉ.

Prudhon invenit.   *Copia sculp.*

Au-dessous, on lit : *Elle a renversé l'hydre de la tyrannie et brisé le joug du despotisme.*

A Paris, chez Depeuille, rue Franciade, section de Bon Conseil, nº 52.

1er État. — Sous le texte de la marge d'en bas, et avec gravé à la pointe : *Prud'hon inv. Copia sculp.* Deux épreuves de cet état ont été vendues 12 francs à la vente Alphonse David, 1859. Une épreuve de cet état a été vendue 20 francs à la vente Dromont, 1871.

2me État. — Avec l'adresse de Copia, rue Boucher, nº 6.

Une épreuve de cet état a été vendue 8 francs à la vente Alphonse David, 1859. — 14 francs à la vente Dromont, 1872.

3ᵐᵉ État. — Celui décrit.

* Une copie a été faite de cette estampe.

La Liberté a été aussi lithographiée par Anastasi, imprimerie Bertauts.

La République.

Dessin. Croquis au crayon noir et à la craie sur papier bleu, appartenant à M. Maherault.

— 71 —

ALLÉGORIE RELATIVE A BONAPARTE, Gᵃˡ DES ARMÉES FRANÇAISES.

P. inv.   *V.-M. Picot sculp.*

Dédié au Directoire par Picot.

A Paris, chez V.-M. Picot, rue des Postes, 25.

Estampe rare du cabinet des Estampes, dont on ne connaît [ni [le] dessin, ni une première pensée, ni une étude.

Le Génie de la Paix.

Peinture. Esquisse du Salon de la rue Chantereine; sur le châssis on lit : Dédié à Mme Bonaparte par Prudhon.

Peinture médiocre et sans grand accent prudhonien faisant partie de la collection de M. Adolphe Moreau.

— 72 —

L'EMPEREUR NAPOLÉON Ier, AU MILIEU DE LA VICTOIRE ET DE LA PAIX, EST SUIVI DES MUSES, DES ARTS ET DES SCIENCES; SON CHAR EST PRÉCÉDÉ DES JEUX ET DES RIS.

Prudhon inv.   *B. Roger, sculp. aqua forti.*

Cette planche fait le frontispice de l'ouvrage intitulé : *Sur la Situation des Beaux-Arts en France,* par Bruun Neergaard.

1er État. — Celui décrit. Une épreuve de cet état était vendue 10 francs à la vente Alphonse David, 1859. — 30 francs à la vente Soleil, 1872.

2me État. — Le nom de Prud'hon effacé.

Dessin. Petit dessin à la plume lavé de bistre,

dont l'eau-forte de Roger n'est que le pur fac-simile. Il appartient à M. Boutron.

Le dessin a été exposé au Salon de l'an IX (1801) sous le titre de : « La Paix. »

— 73 —

Même composition.

Prudhon pinx.   *Maurin del.*   *Imp. lith. Langlumé.*

Du cabinet de M. Brunet.

Grande lithographie dans laquelle la marche est dirigée à droite.

Il existe des épreuves avant les noms du peintre et du lithographe.

Cette lithographie a été exécutée d'après l'esquisse de M. Edwards, tandis que la gravure de Roger a été faite d'après le dessin de M. Boutron.

Peinture. Esquisse brutale et toute décorative appartenant à M. Edwards.

Dessins. Un grand dessin de cette composition à la craie et au crayon noir sur papier bleu, dessin de la plus précieuse exécution et mesurant en hauteur 13 pouces sur 19 de largeur a été vendu 801 francs sous le n° 314 à la vente Bruun Neergaard, 1812. Il est aujourd'hui dans la collection du duc d'Aumale.

— Un dessin de la dimension et du faire du dessin de Bruun Neergaard (H. 35 c., L. 65 c.) était acheté 325 francs à la vente de Boisfremont, 1864.

— 74 —

L'Empereur Napoléon Ier sur un cheval ailé.

L'empereur est représenté faisant un signe de commandement en avant, et chevauchant en petit chapeau et en bottes molles, avec le pli d'un manteau envolé derrière lui, un cheval fantastique.

Une grande eau-forte, d'après un dessin assez contestable de cette composition, existe dans la collection de M. Laperlier. Elle porte au-dessous du trait carré : *Giraud et Gⁿ aqua forti 1808,* sans aucune indication du nom de l'inventeur. Je crois que cette planche n'a pas été terminée.

Dessin. Le croquis au crayon noir et à la craie sur papier bleu, était vendu 87 francs à la vente Laperlier 1867. L'authenticité de ce dessin est douteuse, il présente tous les caractères d'un dessin de sculpteur.

ALLÉGORIES MORALES ET RELIGIEUSES.

—

— 75 —

THÉMIS.

Prud'hon del.   *Lith. par J. Boïlly.*

Sieurin, 13, rue de Seine. Imp. Lemercier.

Conception primitive d'après une réminiscence raphaelesque de la composition « La Justice et la Vengeance divine poursuivant le Crime ».

Dessin. Première idée (H. 28 c., L. 33 c.). Hardie et courante croquade au crayon noir et à la craie sur papier bleu, appartenant à M. Camille Marcille. Ce dessin avait été payé 1,000 francs par M. Marcille père, à la vente Revil, 1847. Il vient de se vendre 2,600 francs à la vente du 6 mars 1876.

— Seconde première idée (H. 26 c., L. 19 c). Croquis au crayon et à la craie sur papier bleu, où le groupe de Némésis a été très-étudié par le maître.

Ce dessin du plus beau mouvement diffère un peu de la composition définitive, et lui est, à mon sens, supérieur. Némésis traîne devant le Tribunal un coupable et une coupable dont la silhouette est des plus dramatiques. Ce dessin, signé : *P.-P. Prudhon,* faisait partie de la collection de M. Camille Marcille. Il vient d'être acheté 805 francs par M. Lehman à la vente du 6 mars 1876.

— 76 —

THÉMIS.

(Composition différente.)

Dess. par Prud'hon.   *Lith. par Jul. Boilly.*

Paris. Sieurin, rue de Seine, n° 13. Imp. Lemercier.

Un fragment de cette composition a été gravé à l'eau-forte, par Edmond de Goncourt, dans la première édition de l'*Art du* xviiie *siècle.*

Dessin. Le dessin (H. 389 m., L. 500 m.), exécuté au fusain, au crayon noir et blanc sur papier bleu, est exposé sous le n° 1285 au Louvre.

Ce dessin, l'un des plus grandioses de Prudhon, fut donné à Constantin, qui en fit présent à M. Ledru-Rollin. En mai 1851, il était vendu au Louvre 3,500 francs, par l'entremise de David d'Angers [1].

1. Le dessin avait été proposé pour 4,000 francs par David d'Angers, à M. Marcille père qui en offrit 3,000. Au sortir de chez M. Marcille, David d'Angers se rendit au Musée,

— 77 —

LA JUSTICE ET LA VENGEANCE DIVINE POURSUIVANT LE CRIME.

Dessiné par S. Leroy.   *Gravé par B* Roger.*

En haut : *Peint par Prudhon.*

1er État. — Eau-forte pure. Une épreuve de cet état était vendue 5 fr. 50 c. à la vente Alphonse David, 1859.

2me État. — Avant l'inscription et avec les noms ainsi gravés : **P.-P. Prudhon pinx.** *B* Roger sculp.* Une épreuve de cet état était vendue 13 francs à la vente Alphonse David, 1859.

3me État. — Celui décrit.

Cette composition a été gravée par Gelée dans un format beaucoup plus grand.

Il y a une petite gravure au trait de Normand.

Cette composition a été successivement lithographiée par Moitte, Marin Lavigne et enfin Perronard dans l'*Écho du Parnasse.*

Peinture. Le tableau (H. 2m,43, L. 2m,92) commandé par M. Frochot pour la salle de la Cour criminelle du Palais de Justice, fut

et l'achat fut conclu à 3,500 francs. Ce fut un vrai chagrin pour le collectionneur passionné qu'était M. Marcille, et depuis il ne put jamais se décider à entrer dans la salle où était exposé le dessin.

exposé aux Salons de 1808 et de 1814. Il figure sous le n° 21 dans les prix décennaux de 1810. Placé dans la Salle des Assises il y resta jusqu'en 1815, année dans laquelle il fut remplacé par un Christ. Redemandé par l'artiste *qui y attachait beaucoup de prix* et tenait à *l'avoir en garde,* ce tableau fut conservé quelque temps chez lui, puis passa dans la galerie du Luxembourg, où il demeura jusqu'en 1823. En 1826, la ville le céda en échange de quatre tableaux de MM. Vinchon, Tardieu, Delassus et Justin Ouvrié. Le tableau est signé : *P.-P. Prud'hon 1808*[1].

Une répétition un peu réduite de ce tableau vendue après le décès de Prudhon 900 francs, puis à la vente de M. de Sommariva 1,100 fr., a passé de la collection de M. Thévenin dans celle de M. Chaix-d'Est-Ange. Cette répétition non terminée, — et où il y a des parties encore non couvertes de peinture, comme le pied de la Justice — a été préparée par Mlle Mayer pour les figures, par M. Carrier pour le paysage, et reprise entièrement par Prud'hon.

1. Une copie très-intéressante de ce tableau par Géricault, qui a mis, pour ainsi dire, dans la peinture l'accent mâle de son talent, existe chez M. His de la Salle.

Dessins. M. Clément mentionne dans son livre trois premières idées de cette composition. Les possesseurs seraient M. Moignon, Monjean, Mme Couvreux. M. Clément signale la beauté toute particulière du croquis possédé par Mme Couvreux, croquis donné dans le principe par Prud'hon à M. Frochot. Il indique deux dessins d'ensemble, l'un appartenant à M. Coignet, l'autre au duc d'Aumale.

— Dessin d'ensemble de la composition. Grand dessin (H. 40 c., L. 50 c.) au crayon noir et à la craie sur papier bleu du plus bel ensemble et de la facture la plus large. Le dessin est exposé dans une salle du Louvre. Il a été acheté 900 francs en 1872 à la vente de Coignet.

—Fragment. Petit croquis de la victime au crayon noir sur papier gris.

— Étude de la victime au crayon noir et à la craie doucement estompée sur papier bleu, faisant partie de la collection de M. Camille Marcille. Ce dessin (H. 30 c. L. 56 c.) vient de se vendre 205 francs à la vente du 6 mars 1876.

— Tête du meurtrier. Croquis à la plume appartenant à M. Maherault.

— Figure volante de la « Justice ». Étude au crayon noir et à la craie sur papier bleu, de la plus puissante couleur, appartenant à M. Alfred Sensier.

— Tête de la « Vengeance » au crayon noir et à

la craie sur papier bleu, merveilleuse étude de clair-
obscur, appartenant à **M. Sechan**.

— Étude rehaussée de la figure du « Crime »,
vendue 38 francs à la vente Laperlier, 1867.

———

— 78 —

LA RAISON PARLE ET LE PLAISIR ENTRAINE[1].

P.-P. Prud'hon inv. et del. B. Roger incidit (au pointillé).

1er État. — Eau-forte pure sans indication des noms
du peintre et du graveur dans l'Œuvre de Roger.

2me État. — Avant la lettre et avec gravé à la pointe :
P.-P. Prudhon inv et del. B. Roger incidit. Une épreuve de
cet état, jointe à une épreuve de la VERTU AUX PRISES AVEC
LE VICE, était vendue 10 francs à la vente Alphonse David,
1859.

3me État. — Au lieu du titre : *Société de la réunion des
Beaux-Arts,* et avec l'adresse : « A Paris, chez Bousquet, graveur, place du Petit-Carousel, n° 567. » Une épreuve de cet
état avec une épreuve du pendant était vendue 9 francs à la
vente du 2 mars 1874.

4me État. — Celui décrit. Une épreuve de cet état avec
son pendant était vendu 1 fr. 75 c. à la vente Alphonse
David, 1859.

1. Cette estampe est désignée dans les catalogues sous le
titre : L'HOMME ENTRE LE VICE ET LA VERTU. Je ne l'ai
jamais rencontrée sous ce titre.

Cette composition a été lithographiée par Bellanger dans
« l'Artiste ».

Dessin. Le dessin sur papier blanc au bistre, terminé comme un dessin de graveur, est dans la collection de M. Eudoxe Marcille.

— 79 —

LA VERTU AUX PRISES AVEC LE VICE.

P.-P. Prud'hon fecit.   *B. Roger incidit* (au pointillé.)

Pendant du numéro précédent.

1er État. — Eau-forte pure.
2me État. — Avant la lettre avec gravé à la pointe :
P.-P Prud'hon fecit. B. Roger incidit.
3me État. — Au lieu du titre : *Société de la réunion des
Beaux-Arts* et avec l'adresse de : « A Paris, chez Bousquet,
graveur, place du Carouzel, no 567. »
4me État. — Celui décrit.
Grevedon a fait une lithographie en contre-partie de
deux figures de ce sujet, avec le titre de : « L'INNOCENCE. »

Peintures. Une esquisse (H. 43 c., L. 35 c.)
très-réminiscente du Vinci, et où les nuages
de la coloration jouent le pastel, a été exposée
par Mme la comtesse Duchâtel à l'École des

Beaux-Arts. Cette esquisse avait été achetée 3,500 francs par le comte Duchâtel à la première vente de Boisfremont.

Une autre esquisse, d'une facture plus commune et ne contenant que les deux figures de la lithographie de Grevedon, est dans la collection de M. Duglerè.

Dessin. Un croquis rehaussé de la tête du satyre a été acheté 40 francs par M. Signol à la vente de Boisfremont, 1864.

———

— 80 —

L'AME.

Peint par Prud'hon.   *Dess. et lith. par Jul. Boilly.*

Paris. Sieurin, rue de Seine, 13.

Peinture. Ébauche en grisaille. Cette grande toile (H. 2 mètres, L. 2^m,93 c.) vendue en 1823 après le décès de Prudhon 605 francs; — à la vente Deveria 1,001 francs; — à la vente Dubois 1,800 francs, fait partie aujourd'hui de la collection de M. Eudoxe Marcille.

———

— 81 —

Même composition.

P.-P. Prud'hon pinx.   *A. Didier sculp.*

Imp. Salmon.

(Planche publiée par la *Gazette des Beaux-Arts.*)

Blonde esquisse, aux beaux empâtements, faisant partie de la collection du baron Gabriel de Vendeuvre.

Cette esquisse diffère de la grande composition possédée par M. Eudoxe Marcille par quelques changements, par une draperie voilant presque entièrement les jambes, par des anneaux et une chaîne qui retiennent l'Ame par les pieds à la terre [1].

Dessins. Première idée. Dessin sur papier bleu de la composition dans un format plus grand que le format de ses premières idées. L'Ame y est représen-

1. Une copie réduite de l'AME par M. Trézel a été vendue à la vente Dromont, comme un original de Prud'hon. M. Camille Marcille, qui rendait souvent visite à M. Trézel dans son atelier de la maison Jean Goujon, vit longtemps chez lui cette copie à laquelle Prud'hon n'avait fait que donner quelques touches savantes, auxquelles se laissa prendre M. Dromont.

tée avec les ailes et la draperie de la peinture. Cette belle préparation fièrement ressentie et lumineusement rehaussée appartient à M. Rouart.

Ce dessin provient de le vente de Boisfremont, 1870, où il a été payé 100 francs.

Étude de l'académie de l'Ame poussée au plus fini, mais sans les ailes et la draperie. Cette étude estompée et rehaussée sur papier bleu, et où les bras et la tête ne sont qu'à l'état d'indication, appartient à M. Édouard Delessert. Cette étude a été payée 210 francs à la vente de Boisfremont, 1864.

Une autre étude académique très-terminée sur papier bleu de la tête, des bras, du haut du corps, appartient à Mme Aubry—Vitet.

— Une troisième étude de toute la partie supérieure du torse jusqu'à la naissance des cuisses, traitée avec le fini des deux premières, appartient à M. Roger Jourdain.

— Enfin l'étude, grandeur nature, de la tête de l'Ame, dessin à l'estompe rehaussée sur papier bleu, est dans la collection de M. Eudoxe Marcille.

Quelques autres pensées de cette composition dont on a vendu six études dans la première vente de Boisfremont, et trois croquis dans la seconde, existent dans des collections d'amateurs.

COMPOSITIONS DÉCORATIVES.

PLAFONDS.

Copie du plafond de Pierre de Cortone.

(PALAIS BARBERINI.)

Peinture. La toile (Longueur 8^m,12, Largeur 4^m,87) est conservée au Musée de Dijon.

C'est une très-libre imitation de la composition, dit le livret, la copie ayant été exécutée sur une esquisse que Prudhon avait prise à la hâte quelques heures avant de quitter Rome. Cela n'est pas absolument exact; car nous voyons Prudhon occupé dans une des premières lettres de son séjour à Rome, des préparatifs de la peinture de ce plafond, mais l'ennui qu'il avait de cette copie et le dédain qu'il professait pour Pierre de Cortone, peuvent faire croire que la copie était restée à l'état d'ébauche peu avancée, lors' de son départ, et il la compléta avec son fond et ses imaginations. Cette grande toile sert de plafond à la *Salle des Statues* et les changements que le peintre bourguignon a introduits dans les attributs des figures secondaires et surtout de la figure principale, en font un monument en l'honneur de la Bourgogne.

La Sagesse et la Vérité descendent sur la terre; et les ténèbres qui la couvrent se dissipent.

Peinture. Le tableau allégorique de forme ronde, mesurant $3^m,66$, et destiné à faire un plafond, fut exposé au Salon de l'an VII (août 1799). Depuis il fut placé dans la galerie des peintres vivants à Versailles, où il resta jusqu'en 1801, puis il fut transporté à Saint-Cloud, où il décorait la salle des Gardes. A la suite d'un incendie qui ne le détruisit pas, comme nous le disions dans notre première édition de l'*Art du* XVIIIe *siècle*, mais qui le 1oussit seulement, le plafond de Saint-Cloud fut placé dans les magasins du Louvre, où il est conservé roulé.

L'esquisse, au dire de M. Clément, était en 1801 entre les mains de l'architecte Brunet.

Dessins. Première idée, un croqueton de la composition était vendu sous le n° 29 dans un lot de trois dessins à la vente de Boisfremont, 1870.

— Le dessin au crayon noir et à la craie sur papier bleu de cette composition, était acheté 610 livres à la première vente de Boisfremont.

Était-ce le dessin qui valut à Prud'hon, avec un prix d'encouragement un atelier au Louvre pour l'exécuter en peinture?

— L'Étude rehaussée de la figure de la Sagesse était vendue 155 francs à la même vente. Elle est aujourd'hui la propriété de Mme Aubry-Vitet qui l'a exposée à l'École des Beaux-Arts.

———

— 82 —

LE GÉNIE ET L'ÉTUDE.

Prud'hon pinx.   *Alex. Chaponnier sculpt.*

Il y a des tirages en couleur de cette estampe dont le titre ordinaire est : L'Étude donne l'essor au Génie.

Il existe une petite gravure au trait de Normand.

Une eau-forte a été gravée par Delaunay.

Plusieurs lithographies. Une chez Prodhomme; une autre par Poterlet, de l'imprimerie Langlumé portant pour titre : L'ÉMULATION DONNE L'ESSOR A L'ÉTUDE. Cette lithographie est rare. Une épreuve avant la lettre est chez M. His de la Salle.

Une dernière lithographie par Aubry-Lecomte a été publiée en 1845.

Peintures. Le plafond du Louvre salle des Antiques.

Petite esquisse toute blonde de la collection de M. Camille Marcille. Cette esquisse fut achetée 995 francs, à la vente Odiot 1850, par M. Marcille père. Elle porte au dos : *Donné par l'artiste à M. Harassé, secrétaire général du Musée Napoléon.* Cette esquisse (d'un diamètre de 12 c.) vient d'être vendue 1,000 francs à la vente du 6 mars 1876.

Petite esquisse plus avancée existant au Musée d'Angers. (Diamètre 20 c.)

Dessins. Première pensée. Un croquis rehaussé de cette composition a été acheté 150 francs, par M. Lehman à la vente de Boisfremont, 1864.

Dessin terminé de forme ovale (H. 19 c., L. 19 c.), au crayon noir et à la craie sur papier gris de la collection de M. Eudoxe Marcille. Ce dessin provient de la vente de Poterlet père.

— 83 —

PLAFOND DE DIANE, AU LOUVRE.

Peint par Prud'hon.   *Dessiné par Jul. Boilly.*

Paris. Sieurin, rue de Seine, 13.

Un trait, portant le n° 60 dans le musée Clarac, avait déjà reproduit cette composition. Cette petite estampe porte pour légende : *Diane prie Jupiter de ne pas l'assujetir à l'Hymen.*

Peintures. La peinture, terminée en 1803, couvre le plafond d'une des salles du musée des Antiques au Louvre.

Esquisse. Une blonde esquisse de la grande composition, esquisse de la plus extraordinaire conservation, fait partie de la collection de M. His de La Salle.

Cette esquisse (H. 31 c., L. 31 c.) avait été achetée 215 francs par Constantin à la vente de Prudhon. Je ne sais à quelle vente depuis, elle fut acquise par un marchand de gravures des quais connu par une adresse illustrée, par Remoissenet qui avait abandonné le commerce des estampes pour le brocantage des tableaux. L'esquisse fut offerte à 500 francs par Remoissenet à M. His de La Salle, à la condition de rendre le cadre. Les cinq cents francs furent donnés aussitôt. En ce temps, M. His, rencontrait vers l'heure du dîner tous les jours le vieux Marcille regagnant invariablement son logis, une toile sous le bras : la conquête de la journée. Ce jour, M. Marcille aborde M. His, en lui disant : — « Vous avez fait, ce matin, une belle acquisition? » — « Vous vous moquez, je sais que le tableau vous a été proposé avant moi! » — « Il y a des jours, monsieur, où on ne voit pas bien...., j'avais trop dépensé aussi..... et cependant dire que ce n'était que mille francs! » Remoissenet pour empêcher à l'avenir M. Marcille de marchander les Prud'hon, l'avait donné à 500 francs à M. His de La Salle. L'esquisse offre quelques changements : il n'y a que deux figures d'amours au bas de la toile, et l'aigle, au lieu d'un aigle héraldique est un aigle d'après nature.

Dessin. Première idée. Croquis au crayon noir sur papier blanc, donné par M. His de la Salle à M. Clément.

Minerve conduisant le Génie des Arts à l'Immortalité.

Minerve soutient d'un bras le Génie de la Peinture, en lui montrant de l'autre le séjour de l'Immortalité. Les Muses placées sur leur passage encouragent sa marche, tandis que l'Envie terrassée tombe dans un gouffre.

Projet de plafond pour le grand escalier du Louvre, qui n'a pas été exécuté.

Peinture. Franche esquisse (H. 49 c., L. 30 c.) d'une belle couleur appartenant à M. Sabatier. Cette esquisse provenant des ventes Laffitte, 1834, Henri, 1836, Thévenin, 1851, avait été achetée 3,000 francs de M. Roehn père, par M. Laperlier. A la vente de M. Laperlier, elle était adjugée 6,500 francs à M. Sabatier.

Dessins. Première idée. Croqueton spirituellement exécuté au crayon noir et à la craie, sur papier bleu, de la collection de M. Eudoxe Marcille.

— Dessin terminé. Beau et large dessin rehaussé sur papier bleu, de la collection de M. Camille Marcille. Ce dessin avait été payé 600 francs par M. Marcille père au peintre Trezel. Il vient de se vendre 3,000 francs à la vente du 6 mars 1876.

LAMBRIS DE SALONS ET DE SALLES DE MONUMENTS PUBLICS.

— 84 —

FRESQUE DE PRUDHON SUR UNE CHEMINÉE DE SA MAISON A CLUNY.

Lith. par A. Pelliat.   *Bourg, Lith. Bressend.*

Entablement figuré par quatre cariatides au milieu desquelles se voit un médaillon, dans lequel un petit amour s'avance vers un piédestal surmonté d'un buste, un buste dont la tradition faisait un portrait du baron de Joursanvault.

Cette peinture décorative existait encore il y a quelques années.

— 85 —

·LA RICHESSE. — LES ARTS. — LES PLAISIRS. — LA PHILOSOPHIE.

Peint par Prud'hon.   *Musée de Montpellier.*
Lith. par Jul. Boilly.

Paris. Sieurin, 13, rue de Seine.

Une planche contient les quatre allégories lithographiées sur papier bleu avec rehauts. La Richesse et les Plaisirs seuls avaient été précédemment lithographiés dans une planche de l'ouvrage de Denon. Ces deux mêmes planches ont été depuis gravées à l'aqua-teinte, et publiées sans nom de graveur.

Décoration de l'hôtel Lanois. Grands panneaux.

— 86 à 89 —

86. L'ÉTUDE.
87. LA RICHESSE.
88. L'AMOUR.
89. LA SAGESSE.

P.-P. Prud'hon.   *Alph. Boilly, sculp.*

Sieurin, éditeur, rue de Seine, 13.

Quatre planches à l'aqua-teinte.

Décoration de l'hôtel Lanois. Petits panneaux formant consoles.

LA RICHESSE. Muse drapée, un pied sur un tabouret, jouant de la lyre. Au-dessus de sa tête, un amour s'envolant, un médaillon dans les mains.

Panneau inférieur. L'ÉTUDE. Amour assis un livre sur ses genoux, une plume dans la main qui touche son front.

LES ARTS. Muse drapée entourant de son bras gauche un coffret de bijoux et tenant dans sa main droite le couvercle. Au-dessus de sa tête un amour qui se balance dans les airs.

Panneau inférieur. LA RICHESSE. Amour assis qui joue avec des bijoux.

LES PLAISIRS. Déesse nue, aux grandes ailes, relevant la draperie glissée au bas de son corps dans un mouvement qui la penche sur l'Amour. Au-dessus de sa tête un amour qui joue avec une banderolle.

Panneau inférieur. L'AMOUR. Un amour agenouillé dans un buisson de roses, prêt à tirer son arc.

LA PHILOSOPHIE. Muse drapée tenant la statue de Pallas d'une main et un mors de l'autre. Au-dessus de sa tête un amour secouant un brandon.

Panneau inférieur. LA SAGESSE. Amour appuyé sur une statue d'Isis.

Peintures. Les quatre grands panneaux sur toile décorant l'hôtel, successivement occupé par les fournisseurs Lanois et Saint-Julien, la reine Hortense, et devenu l'hôtel Rothschild, ont été ces dernières années transportés au château de Schlechsdorf, appartenant à M. Anselme Rothschild.

Les esquisses (H. 27 c.; L. 7 c. Bois), esquisses de la couleur la plus charmante font partie du musée Montpellier. Elles proviennent du don de M. Valedeau qui les avait achetées 3,500 francs à la vente Denon, 1826. Elles sont cataloguées sous les titres de : *la Musique*, *la Numismatique*, *la Poésie légère*, *la Diplomatie*. Au catalogue de Denon, ces quatre petits panneaux étaient désignés sous les noms d'*Euterpe*, *Pandore*, *Vénus*, *Minerve* qui me semblent les vraies désignations de ces allégories.

C'est d'après ces esquisses et non d'après les grandes peintures de l'hôtel Rothschild qu'a été faite la planche lithographiée par M. Boilly.

Dessins. Les cartons des peintures, cartons du plus beau style et de la plus large facture figurent au Musée sous quatre glaces dans une salle des dessins. Le Louvre les a achetés 5,030 francs à la vente Laperlier, 1867. M. Laperlier les avait acquis de M. de Boisfremont, pour la somme de 250 francs[1].

La Richesse ou Euterpe. Dessin (H. 3,010, L. o 730) à la pierre noire et à la craie, avec touches de sanguine sur papier bleu. Mis au carreau.

Même procédé pour le panneau inférieur. « L'Étude » qui diffère de l'esquisse de Montpellier; en ce qu'au lieu de contenir un seul amour lisant, cet amour a pour compagnon un amour joueur de flûte.

Les Arts ou Pandore. Dessin (H. 3,010, L. 730) à la pierre noire et à la craie, avec touches de sanguine sur papier bleu. Mis au carreau.

Même procédé pour le panneau inférieur :« la Richesse. »

Les Plaisirs ou Vénus. Dessin (H. 2,090, L. 0,750) à la pierre noire, à la craie avec touches de sanguine sur papier bleu. Mis au carreau. Malheureusement, la tête de la déesse et l'amour volant au-dessus de chaque allégorie, manquent à ce dessin.

Même procédé pour le panneau inférieur :

---

1. Je donne les prix d'achat de M. Laperlier d'après les notes qu'il a bien voulu, très-gracieusement, me communiquer.

« L'Amour agenouillé dans un buisson de roses. »

Une première pensée de Vénus, léger croquis au crayon et à la craie sur papier bleu, est dans la collection de M. Fichel.

La Philosophie ou Minerve. Dessin (H. 2,010, L. 9,750) au crayon noir et à la craie, avec touches de sanguine sur papier bleu. Mis au carreau. La tête de l'allégorie manque.

Même procédé pour le panneau inférieur : « la Sagesse. »

Une première idée de la Philosophie, un croquis au crayon noir et à la craie sur papier bleu, était dans la collection de M. Camille Marcille. Ce dessin appartenant au marquis Maison et qui avait été vendu 500 francs par l'entremise de Susse à M. Marcille père, vient d'être acheté 3,500 francs par le duc d'Aumale à la vente du 6 mars 1876. M. le duc d'Aumale possède déjà deux autres premières pensées des cartons du Louvre.

———

— 90 —

LE MATIN. — LE MIDI. — LE SOIR. — LA NUIT.

Prud'hon del.   *Lith. par J. Boilly.*

Paris, chez Sieurin, rue de Seine, 13.

Les quatre sujets sur la même planche.

Décorations de l'hôtel de Lanois. Dessus de portes.

LE MATIN. Une femme lisant, allongée sur une chaise longue à laquelle sont accoudés deux amours.

LE MIDI. Une femme couchée sur le dos, dans l'eau d'un bain qui lui mouille la plante des pieds et les reins ; deux amours dans l'eau jusqu'aux genoux, font de la musique près d'elle.

LE SOIR. Une femme au torse nu, étendue à terre, un coude sur un coussin; elle se coiffe d'une main à la lueur d'un flambeau tenu par un amour, devant un miroir que lui tend un second amour.

LA NUIT. Femme dormant sur un lit la tête tombée sur son épaule ; deux amours fourragent la nudité de son corps.

Peintures. Les panneaux peints en grisaille existent encore à l'hôtel Rothschild.

Dessins. Premières idées. Les croquis au crayon noir et à la craie sur papier bleu (H. 5 c., L. 15 c.), étaient dans la collection de M. Camille Marcille. Ces quatre croquis viennent de se vendre 800 francs à la vente du 6 mars 1876.

Tête de vieille femme.

Elle est vue de face, portant allumée sur le sommet de la tête une lampe antique.

Dessin au crayon noir et à la craie sur papier bleu ; merveilleux dessin exécuté avec le travail de linéatures perpendiculaires, légèrement courbes aux tournants des muscles, mettant une pluie de lumière sur les plans d'une figure ou d'un corps.

Ce mascaron destiné à la décoration de l'hôtel Lanois était dans la collection de M. Camille Marcille. Il vient d'être acheté 175 francs par M. Etienne Arago à la vente du 6 mars 1876.

Tête de satyre.

Large et puissant dessin au crayon noir et à la craie sur papier bleu.

Le mascaron destiné à la décoration de l'hôtel Lanois, fait partie de la collection de M. Camille Marcille.

Je serais disposé à croire que les deux autres têtes de satyres exposées sous les n°s 326 et 327 à l'École des Beaux-Arts et l'admirable mascaron portant sur la tête une lampe allumée, tous trois faisant également partie de la collection de M. Camille Marcille étaient des études pour la décoration de l'hôtel Lanois. Les deux deux têtes de satyres, exposées à l'École des Beaux-Arts, viennent de se vendre l'une 105 francs, l'autre 66 francs à la vente du 6 mars 1876.

Enfin on avait encore vendu pour cette décoration à la vente de Boisfremont, 1864, un grand dessin de mascaron, deux compositions différentes pour un dessus de porte, et deux croquetons d'amours de quelques centimètres.

— 91 et 92 —

LE PRINTEMPS. — L'ÉTÉ. — L'AUTOMNE. — L'HYVER.

Dessiné et lith. d'après les peintures de Prud'hon, appartenant à M. le comte de Panisse, par J. Boilly.

Paris. Sieurin, 13, rue de Seine.

Les quatre allégories ont été publiées en deux planches sur papier bleu avec rehauts.

Compositions décoratives dont la destination est restée inconnue.

LE PRINTEMPS : Figure volante de femme dans une tunique de gaze, la tête renversée en arrière, et tenant, de ses deux bras allongés, une brassée de fleurs contre son corps rondissant.

• L'Été : Figure volante de femme, deux gerbes de blé sous les bras, la tête et les seins voilés d'une écharpe qui flotte.

L'Automne : Figure volante de femme, la tête renversée, la bouche appétante, sous une grappe de raisin qu'une de ses mains tient en l'air.

L'Hiver : Figure volante de femme, frileusement drapée dans un grand manteau noir dans lequel elle enfonce et cache le bas de sa figure.

Peintures. Les quatre grands panneaux appartiennent à M\[ll\]e Denain. Ils proviennent des ventes Lapeyrière et Panisse. Adjugées à M. Didier, en 1860 pour 16,000 francs, les quatre toiles ont été payées par M\[ll\]e Denain en 1862, 33,500 francs.

Dessins. On connaît deux séries de ces dessins.

— La première série exécutée au crayon noir et à la craie sur papier gris, et où la composition est à l'état de première idée, fait partie du musée de Chateauroux.

A l'exception de la figure du Printemps, la seule

qui soit entourée d'arabesques, la seule qui soit
portée sur un soubassement représentant une femme
jouant avec des enfants, les dessins de cette série
mesurent (H. 14 c., L. o,8 c.). Le Printemps mesure
(H. 24 c. L. 12 c.)

— Les dessins de la seconde série au crayon noir
et à la craie sur papier bleu, d'un travail plus avancé,
sont maintenant à Londres. Ils ont passé de la collection de M. Oudinot, à Leighton. Ces dessins
mesurent (H. o,140 m., L. o,60 m.). Le Printemps
avec les arabesques et le soubassement mesure
(H. o,238 m., L. o,120 m.).

Le Printemps. — L'Été. — L'Automne. — L'Hyver.

Compositions décoratives dont la destination est restée inconnue.

Ces compositions n'ont été ni gravées ni
lithographiées.

Peintures. On ne connaît pas les peintures
de ces compositions dont l'exécution aurait été
abandonnée par Prudhon à un décorateur du
nom de Dubois. M. Camille possédait trois toiles
qui semblent des copies faites par un élève du
Maître — peut-être Dubois. Les trois composi-

tions ayant fait partie de sa collection sont :
l'Été, l'Automne, l'Hiver.

Dessins. Les dessins qui sont de la plus belle
qualité qu'on connaisse, dessins au crayon noir et à
la craie sur papier bleu, appartiennent au duc
d'Aumale. Ils ont été exposés sous le n° 266 au Salon
de l'an VII et sont ainsi décrits au livret : « Quatre
projets de frises analogues aux Quatre Saisons. » Ces
dessins, au dire de M. Clément, après avoir appartenu
à M. Bertrand, l'ami de Prud'hon, passèrent dans
la collection de Bruun Neergaard, où ils figurent
sous le n° 312. Plus tard, ils devinrent la propriété du marquis Maison, qui les céda au duc d'Aumale.

LE PRINTEMPS. Une jeune fille pare de fleurs une
statue de Priape, tandis que des amours attachent des
colombes à un fil. Un satyre poursuit une nymphe ;
une autre nymphe chevauche un satyre que fouettent
des amours. Sur un char Flore traîne Zéphir.
L'Amour enchaîné est gardé par deux nymphes près
desquelles dansent les Grâces. Deux amants, accom-
pagnés de la Fidélité et de la Constance, s'embrassent
devant l'autel de l'Amour.

(H. 50 m. — L. 650 m.)

L'ÉTÉ. Devant la statue de Cérès tenant une
faucille, des moisonneurs coupent le blé et le met-

tent en gerbe. Dans un enclos, un jeune homme fait fouler le blé par des chevaux, tandis qu'un autre rassemble la paille avec un rateau. Trois femmes entrent au bain, regardées par un homme monté sur un arbre.

(H. 55 m.— L. 650 m.)

L'Automne. Au son des instruments, une femme verse à boire à un homme, une autre femme ivre, est étendue à terre. Bacchus, assis sur un char, est traîné par des tigres, tandis que Silène trône sur une cuve, dans laquelle les vendangeurs déchargent le raisin.

(H. 50 m., — L. 650 m.)

L'Hiver. Des chasseurs se montrent de retour de la chasse. Une jeune fille joue avec des enfants à la main chaude. Au milieu, un banquet est présidé par Momus et l'Amour. D'un côté, un jeune homme et une jeune femme dansent; de l'autre côté, des jeunes femmes sont occupées près d'un réchaud.

(H. 53 m., — L. 574 m.)

— 93 —

L'AUTOMNE.

Dessiné par Prud'hon.   Lith. par Aubry-Lecomte, 1848.

Vendangeuses antiques coupant dans une

vigne, avec des serpes, les raisins que recueillent des amours dans des corbeilles et dont un faune charge les paniers d'un âne.

Composition décorative pour une destination inconnue. On ignore également si le Printemps, l'Eté, l'Hyver, ont été exécutés.

Dessin en forme de frise au crayon noir et à la craie, sur papier bleu. L'un des dessins de Prud'hon le plus imprégné de grâce antique. Il faisait partie de la collection de M. Camille Marcille. Ce dessin a été acheté 770 francs par M. Marcille père, à la vente de l'architecte Vignon, en 1846. Il vient d'être acheté 9,000 francs par M. Eudoxe Marcille à la vente du 6 mars 1876.

L'Abondance.

Une figure allégorique versant le trop plein de sa corne d'abondance dans le giron d'une femme assise.

Peintures. Petite esquisse d'un relief extraordinaire et d'une couleur qu'on dirait émaillée. Ce panneau décoratif (H. 20 c. L. 12 c.), appartient à M. le baron Dejean. Il

provient de la vente Boisfremond 1870, où il a
été vendu 780 francs.

Grande esquisse délavée n'ayant rien gardé
du claquant de la petite esquisse. Elle appartient à M. Laperlier qui l'a reçu en don de
Mme Power, née de Boisfremont.

Dessin. Fragment. Croquis rehaussé de la femme,
représentée debout, dans l'esquisse peinte. Il fait partie
de la collection du baron Dejean qui l'a payé
80 francs à la vente de Boisfremont, 1864.

L'Art et l'Industrie.

Carton pour une décoration.

Dessin. L'étude rehaussée (H. 35 c., L. 150) a été
achetée par M. Didier, 660 francs à la vente Boisfremont, 1864.

Les Arts et la Science.

Carton pour une décoration.

Dessin. L'Étude rehaussée (H. 35 c., L. 145), a
été payée 500 francs à la vente de Boisfremont,
1864.

Le séjour de l'Immortalité.

Grande composition raphaelesque, à la partie supérieure cintrée, destinée à être placée dans une salle de distribution de prix à la Sorbonne.

Sur le devant, d'un côté la Sagesse, soulevant le voile qui couvre et dérobe la Nature aux yeux des différentes sectes de philosophes; de l'autre, l'Astronomie entourée de Newton, de Descartes, de Galilée, d'Archimède; plus haut les poëtes érotiques; dans le fond les poëtes épiques et tragiques et les peintres célèbres mêlés aux Muses. On y reconnaît Homère, Virgile, Euripide, Sophocle, Corneille, Racine, Michel-Ange, Raphaël, le Corrège, le Poussin.

Dessins. Le dessin (H. 9 p. 10 l. L. 20 p. 2 l.) exécuté aux crayons noir et blanc sur papier bleu, décrit sous le n° 313 de la vente Brunn-Neergard, se vendait 199 fr. 95 c.

Depuis ce dessin vendu 2,000 francs à la vente Révil, 1847, a passé chez le marquis Maison, et de la collection du marquis Maison dans la collection du duc d'Aumale.

— Un autre dessin de la même dimension, au crayon noir, légèrement lavé sur papier calque, est dans la collection de Mr Paul Périer. Ce dessin a été payé 1,300 francs, à la vente Boisfremont, 1870.

Louis XVI recevant un placet des membres du Parlement.

Le roi est assis dans un fauteuil placé sur une estrade recouverte d'un dais. A sa droite se tiennent debout les princes du sang ; à sa gauche, le grand chancelier et un dignitaire du palais. Le président du parlement suivi de cinq membres, s'avance vers le roi, en lui présentant un placet.

Composition pour un projet de décoration de la Chambre des pairs qui n'a pas été exécuté.

Dessins. Un croqueton de cette composition a passé dans un lot sous le n° 39, dans la vente de Boisfremont, 1870.

— Un grand dessin d'ensemble (H. 37 c., L. 43 c.) au crayon noir et à la craie, a été acheté par le Louvre, en 1872, au fils du peintre, M. Hippolyte Prud'hon, moyennant la somme de 3,500 francs. Dans cette somme est compris l'achat de la composition de « La Mère heureuse. »

MAQUETTES POUR L'ARCHITECTURE ET LA SCULPTURE.

Projet de colonne départementale élevée à la gloire des braves morts dans la guerre de la Liberté, an IX de la République.

Dessins. Première idée. Croquis au crayon noir et à la craie, sur papier gris, faisant partie de la collection de M. Maherault.

— Grand dessin très-terminé au crayon noir et à la craie, sur papier bleu, avec touches d'encre de Chine et de plume; sur la gauche, le plan géométral du monument. Il appartient à M. Bérard.

— 94 —

COLONNE ÉLEVÉE A DESAIX.

B. Roger, sc. aqua-f.

Le bas-relief a été gravé à part.

Petite colonne surmontée d'une figure allégorique couronnant la statue du général.

Le bas-relief a pour légende : *Allez dire au
Iᵉʳ consul que mon seul regret est de n'avoir pas
assez vécu pour ma Patrie et pour la Postérité.*

Dessins. Deux croquis de ce monument, exécuté
par Percier, ont passé à la vente de Boisfremont, 1864.
L'un a été vendu 21 francs, l'autre 27 francs.

— 95 —

Les trois Parques.

*Aᵗ Colas fecit, 1846. Pierre Lemierre, rue du Carrou-
selle, 2, à Paris. Peint par Prudhon.*

Pièce rare lithographiée à la plume. Une épreuve était
vendue 3 francs à la vente Alphonse David, 1859.

Grande frise hemicyclique. Cette frise
figurant les trois Parques est le projet primitif
de l'Hôtel-Dieu. Repoussé comme une image
trop parlante de la Mort, le projet en fut
modifié par Prud'hon dans un second dessin,
possédé par M. Bellanger, que je décris plus
loin.

— 96 —

LA FILEUSE ou CLOTHON.

Dessiné par Prudhon père.   *Gravé par Prudhon fils.*

A Paris, chez Basset, marchand d'estampes et fabricant de papiers peints, rue Saint-Jacques, au coin de celle des Mathurins, nº 64.

Une épreuve, état ordinaire, était vendue 20 francs à la vente Alphonse David, 1859. Une épreuve de Clothon avec une épreuve de Lachesis était vendue 6 fr. 50 c. à la vente du 2 mars 1874.

Dessins. Première pensée. Un croqueton de Clotho a été payé 19 francs à la vente de Boisfremont, 1864.

Fragment. Clotho, la Fileuse. Croquis au crayon noir et à la craie, sur papier bleu, appartenant à M. Colcomb.

— Un dessin rehaussé de Clotho a été payé 230 francs à la vente de Boisfremont, 1864. Il fait partie de la collection de M. Marmontel.

— 97 —

LA DÉVIDEUSE ou LACHÉSIS.

Mêmes noms et même adresse que le numéro précédent dont il est le pendant.

Dessins. **Première pensée.** Lachésis ou la Devideuse, croquis au crayon noir et à la craie, sur papier bleu, appartenant à M. Colcomb.

— Étude terminée pour la gravure au crayon noir et à la craie, sur papier bleu, faisant partie de la collection de M. Eudoxe Marcille.

Atropos.

Des trois Parques, c'est la seule figure qui n'ait point été gravée.

Dessin. **Première pensée.** Croquis au crayon noir et à la craie, sur papier bleu, appartenant à M. Colcomb.

Fronton de l'Hôtel-Dieu.

La composition précédente, mais renfermée, cette fois, dans le côté droit du bas-relief et se complétant à gauche par l'introduction de la Charité, recevant avec Hygie et Esculape, une femme malade. C'est la composition définitive exécutée par le sculpteur Ramey.

Le dessin au crayon noir, rehaussé de blanc, un

des dessins les plus caressés par Prud'hon, appartient à M. Bellanger.

Ce dessin est curieux par les changements apportés par Prud'hon, dans sa première composition. Clotho la Fileuse n'est plus représentée assise, les jambes allongées devant elle et filant avec un fuseau qu'elle tient de la main droite; on la voit accroupie de face, dans un mouvement de grâce, une quenouille sous le bras gauche, la tête toute retournée de côté. Lachesis, ramassée sur elle-même, a les deux mains suspendues sur le dévidoir. Atropos assise, les deux genoux relevés, les coudes sur les genoux, la tête entre les mains, n'a plus le beau mouvement rampant avec lequel, presque couchée à plat ventre, elle avance d'une main, un peu soulevée, les ciseaux homicides.

Hygie. — Esculape.

Buste d'Hygie dans les enroulements d'un serpent buvant à une coupe; au mur une guirlande accrochée à deux patères.

Buste d'Esculape dans les enroulements d'un serpent autour d'un caducée; au mur une guirlande accrochée à une patère.

Dessins très faits au crayon noir et à la craie sur papier bleu.

Ces deux dessins d'Hygie et d'Esculape (H. 120 m. L. 180 m.), dessins d'un arrangement merveilleux et qui appartiennent à M. Eudoxe Marcille, me semblent les maquettes de deux bas-reliefs destinés à des dessus de portes pour l'Hôtel-Dieu ou pour une École de Médecine.

————

TRANSPARENTS DES FÊTES IMPÉRIALES.

————

La Victoire et la Paix.

Les deux déesses étendent une branche de laurier au-dessus d'un N majuscule, éclairé par les rayons d'un soleil naissant.

Peinture. Franche et lumineuse petite esquisse, maquette pour un transparent exécuté à l'Hôtel de Ville de Paris en 1807. Elle fait partie du musée de l'Hôtel Carnavalet.

Dessin. Croquis au crayon noir et à la craie sur papier gris verdâtre. On lit au bas, tracé à la plume : *Jam redit Virgo et redeunt Saturnia regna.* Ce dessin fait également partie du musée Carnavalet.

————

Allégorie relative au mariage de Napoléon Ier.

Hercule tient la main de Vénus au-dessus d'un autel où l'Hymen les unit. Composition peinte pour un grand transparent à l'occasion de la fête donnée à l'Empereur et à Marie-Louise, lors de leur mariage, le 2 avril 1810, à l'Hôtel de Ville.

Peinture. Esquisse en forme de frise de la collection de M. Hauguet.

Dessin. Dessin plein de mouvement et d'élégance exécuté au crayon noir et à la craie, sur papier bleu. Il offre quelques changements avec l'esquisse peinte, dans laquelle ont été supprimés les groupes d'amours des deux extrémités. Ce dessin appartient à M. Bellanger.

———

— 98 à 107 —

98-*1*. La Poésie.
99-*2*. L'Industrie.
100-*3*. La Victoire [1].

1. La Victoire, accompagnée du Commerce, de la Science, de l'Agriculture, de la Navigation, a eu la singulière bonne

101-*4*. LE COMMERCE.

102-*5*. LA SCIENCE.

103-*6*. LA PEINTURE.

104-*7*. L'ÉTUDE.

105-*8*. LA NAVIGATION.

106-*9*. L'AGRICULTURE.

107-*10*. LES HONNEURS.

Gravé par Prudhom fils d'après l'esquisse de P.-P. Prudhom père.

Se vend à Paris, chez Ch. Bance, rue J.-J. Rousseau, 10 et rue Porte-Foin, 15, près le Temple.

Maquettes qui ont servi, lors du mariage de Napoléon Ier et de Marie-Louise, pour les figures couronnant une galerie demi-circulaire élevée à l'une des extrémités de l'Hôtel de Ville, et où figurait au centre le transparent allégorique de Napoléon en Hercule et de Marie-Louise en Minerve.

1er État. — Avant la lettre.

2me État. — Avec l'adresse : *Chez Noel frères, rue Saint-Jacques.* Si cet état n'existe pas pour les dix planches, il existe au moins pour un certain nombre d'entre elles. Je citerai entre autres : « L'Étude » et « l'Agriculture. »

fortune d'illustrer dans la patrie de l'art antique, un répertoire philosophique , scientifique, artistique, publié sous ce titre : *Jaannidis Symrnæo, linguæ græcæ et mathematicorum professore.*

3me État. — Celui décrit.

4me État. — Le nom de Bance supprimé dans l'adresse qui reste la même.

5me État. — L'adresse entièrement supprimée.

Il y a des épreuves tirées en couleur.

Ces dix figures allégoriques ont été également gravées au trait en deux feuilles par Normand.

Il y a encore une réduction en très-petit sur une même feuille sans nom d'auteur ni de graveur.

En dernier lieu, ces dix figures ont été lithographiées par Jules Boilly dans une série de planches contenant trois sujets par feuille.

La Peinture a été gravée, en manière de sanguine, par Pequegnot.

Dessins. Les dix études au crayon noir et à la craie sur papier bleu, faisaient partie de la collection de M. Camille Marcille. Ces dessins (H. 34 ou 36 c. L. 23 c.), d'après les souvenirs de M. Camille Marcille, ont été achetés au peintre Trezel, qui céda un certain nombre de dessins à M. Marcille père, et entre autres, la plupart des académies possédées par ses deux fils.

Les dix allégories dessinées de la collection Marcille, viennent de se vendre à la vente du 6 mars 1876. La Poésie a été achetée par M. Wilson 815 francs; l'Industrie, par M....., 1005 francs; la Victoire, par M. d'Alvites, 720 francs; le Commerce, par M. Baboin, 505 francs; la Science, par M. de

Charley, 480 francs ; la Peinture, par M. Wilson,
1,315 francs ; l'Étude, par M. Bellanger, 700 francs ;
la Navigation, par M. Petit, 500 francs ; l'Agriculture, par M. Wilson, 955 francs ; les Honneurs, désignés dans le catalogue sous le titre fautif de la
Paix, par M. Wilson, 905 francs.

Une autre série de ces dessins (H. 32 c. L. 20 c.),
exécutées également au crayon noir et à la craie sur
papier bleu, mais d'un travail moins avancé que ceux
de M. Camille Marcille, avaient passé à la vente de
Boisfremont, 1864.

La Poésie était achetée 250 francs par M. Van
Cuyck ; l'Industrie, 305 francs, par M. Eugène
Lecomte ; la Victoire, 250 francs, par M. Daru ; le
Commerce, 150 francs, par M. Sabatier ; la Science,
120 francs, par M.....; la Peinture, sous le titre
les « Arts », 250 francs, par M. Taigny ; l'Étude,
275 francs, par M. Sabatier ; la Navigation, 145 francs,
par M. Van Cuyck ; l'Agriculture, 260 francs, par
M. Michaud ; les Honneurs, 205 francs, par M. Carrier.

L'Astronomie.
L'Architecture.
La Géométrie.
La Physique.

La Chimie.

L'Histoire.

L'Archéologie.

La Musique.

La Sculpture.

La Peinture.

La Poésie.

La Navigation.

L'Agriculture.

Ces treize compositions, où l'on ne retrouve des compositions exécutées pour le transparent du mariage de l'Empereur et de Marie-Louise que « la Peinture, la Poésie, la Navigation, l'Agriculture, » me semblent avoir eu une destination pareille.

Dessins. Les dessins (H. 20 c. L. 16 c.) sur papier calque passaient à la vente de Boisfremont, 1864.

L'Archéologie se vendait 40 francs; la Musique, 67; la Sculpture, 45; l'Histoire, 7; la Géométrie, 17; la Physique, 26; l'Architecture, 7; l'Astronomie, 23 francs.

La Renommée.

Petite maquette pour l'un des deux groupes placés aux extrémités de la galerie élevée pour le mariage de l'Empereur. C'est « la Renommée annonçant au monde l'avénement qui devait assurer la tranquillité. Le pendant était une Victoire offrant l'olivier de la paix aux nations vaincues. »

Dessin. Le dessin au crayon noir et à la craie sur papier bleu est dans la collection de M. Eudoxe Marcille.

———

La Ville de Paris.

La ville de Paris ayant à sa droite Minerve, à sa gauche Hercule, reçoit les hommages des Arts, du Commerce, de l'Industrie.

Dessin à la plume sur papier blanc faisant partie de la collection de M. Eudoxe Marcille.

———

PROJETS DE MÉDAILLES.

Projet de médaille pour la République.

Dessin. Aquarelle sur papier blanc portant au bas
P.-P. Prud'hon, 1794.
Ce dessin appartient à M. Clément.

Projet de médaille à l'occasion de la paix d'Amiens (1802).

Tête de Napoléon, consul, tourné à gauche. Un Génie ailé tenant une palme, une main armée de foudres appuyée sur un écusson. A côté de lui Minerve présente une branche d'olivier à une femme drapée personnifiant une ville. A droite, le revers représentant Napoléon avec l'inscription.

Dessin très-fini au crayon noir et à la craie sur papier jaune, appartenant à M. Dailly.

Projet de médaille pour le mariage du prince Jérôme Bonaparte et de la princesse de Wurtemberg[1].

L'Hymen, assis sur un tertre, fait une guirlande avec des roses, que lui présente l'Amour.

Dessin au crayon noir et à la craie sur papier bleu, appartenant à M. Malherault.

Prud'hon a fait les croquis d'un grand nombre de médailles qui n'ont pas été exécutées. C'est, pour la plupart du temps, un trait de plume à la diable, ne cherchant que le rhythme d'une figure. Burty possède un de ces croquis, représentant une femme nue, allongée sur une urne avec derrière elle une triple perspective de ponts. Elle porte pour légende : « *Urbe novis pontibus interjecta.* »

[1]. La médaille était exposée à l'École des Beaux-Arts, ainsi que la médaille de la visite du roi et de la reine de Westphalie à la Monnaie, médaille dont on ne connaît pas le dessin. Il y avait encore à la même exposition la médaille d'un repas donné par la ville de Paris à l'empereur Napoléon, médaille exécutée par Jouffroy et dont le dessin est perdu.

MOBILIER POUR L'IMPÉRATRICE-REINE.

— 108 —

ÉCRAN

Exécuté en vermeil et lapis par Thomire et Odiot.

Prudhon inv.   *Cavelier et Pierron del. et sc.*[1]

L'écran ou plutôt la psyché repose sur deux barques égyptiennes, surmontées de figures d'Isis, emblème de la Ville de Paris. Deux colonnes soutiennent un entablement corinthien, sur lequel est placé un groupe représentant Mars et Minerve que l'Hymen unit [2].

[1]. Un texte, publié dans la livraison des *Recueils d'ouvrages relatifs aux Arts-et-Métiers*, a été consacré au mobilier de l'Impératrice-Reine, un texte contenant cinq planches gravées au trait, dont quelques-unes contiennent plusieurs objets. La presque totalité des dessins originaux appartient aux frères Marcille. Ils ont été achetés par M. Marcille père à Thomire.

[2]. Une épreuve unique surmoulée par Barbedienne, d'après le plâtre original, reproduisant le couronnement de la Psyché, était retirée à 1,000 francs, lors de la vente de Boisfremont, 1870. Cette épreuve avait coûté 2,000 francs. Un plâtre, sans doute modelé par Ramey, d'après un dessin de Prud'hon, se vendait à la vente de M. Camille Marcille 1876. Ce plâtre

Cette psyché a été offerte par la Ville de Paris à Marie-Louise, le 15 août 1810. Elle a été détruite à Milan en 1832.

Dessins. Première idée. Un croqueton à la plume a été acheté 10 francs, par M. Carrier, à la .vente de Boisfremont, 1864.

— Le dessin d'ensemble très-terminé, au crayon noir et à la craie sur papier bleu, fait partie de la collection de M. Eudoxe Marcille.

——

— 109 —

TABLE ET MIROIR

Exécutés en vermeil et lapis par Odiot et Thomire.

Prudhon inv.   *Cavelier et Pierron del. et sc.*

La table de toilette est couverte d'arabesques formant une frise, au centre de laquelle une couronne de roses renferme le chiffre de l'Impératrice-Reine. Une guirlande de fleurs reliée à deux candélabres forme le

représentait le Génie des Arts ailé et debout devant un chevalet portant une toile. La pendule complétée par une borne avec un cadran, où se lisait le nom du fondeur Thomire, était dans la chambre de Prud'hon à la Sorbonne.

cadre du miroir, sous lequel voltige le Plaisir, sur lequel les génies du Commerce, de l'Industrie, du Goût, de l'Harmonie, entourent la jeune Flore. Les génies des Sciences et des Arts, s'élancent des candélabres vers la déesse.

Dessins. Première pensée. Le croquis d'ensemble du miroir dessiné à la plume sur papier bleu, est dans la collection de M. Eudoxe Marcille. Ce dessin est curieux en ce qu'il nous donne la conception primitive de Prud'hon. C'est une simple guirlande de fleurs sur laquelle voltigent des papillons, et les candélabres portent chacun un amour jouant avec un papillon. La composition fut trouvée trop simple : le groupe de Flore fut introduit comme couronnement du cadre du miroir, et deux génies des Sciences et des Arts remplacèrent, au haut des candélabres, le petit amour qui y figurait tout seul d'abord.

— Fragments. Deux grands dessins vivement indiqués au crayon noir sur papier jaune, dessins du groupe de Flore, sont dans la collection de M. Eudoxe Marcille.

— Fragments. Deux dessins fusinés l'un sur papier jaune clair, l'autre, sur papier jaune foncé des Génies des Sciences et des Arts, font partie de la collection de M. Eudoxe Marcille.

— 110 —

PROFIL DE LA TABLE ET DU MIROIR.

Prudhon inv.   *Cavelier et Pierron, sc.*

Planche de détails.

Le vase à parfums sous la table de toilette est orné d'une danse d'enfants.

Deux amours groupés forment le couronnement des boîtes de la toilette.

Le candélabre placé au milieu de la table est porté par les Amours.

Les flambeaux sont formés par le corps des Grâces décentes.

Dessins. Je serais disposé à croire que la danse d'enfants indiquée sur le vase à parfum est une des trois bandes lithographiées par Jules Boilly, sous le nom de Caprices, et que M. Camille Marcille donne pour la décoration d'un rideau de théâtre. C'est une petite frise où des Amours dansent au son de la musique que font trois d'entre eux, assis au milieu de la composition. Le croquis au crayon noir faisait partie de la collection de M. Camille Marcille. Ce dessin (H. 8 c., L. 41 c.) s'est vendu 335 francs à la vente du 6 mars 1876.

On ne connaît pas de dessin d'ensemble des boîtes de toilette ou des coffrets à bijoux de l'Impératrice, cependant trois petits motifs sont considérés comme ayant servi à leur ornementation et passent pour les couvercles, Ce sont :

— 111 —

LES PETITS FILEURS[1].

Dessiné par Prud'hon.   Lithog. par Aubry-Lecomte, 1848.

— 112 —

LES PETITS DÉVIDEURS.

Dessiné par Prud'hon.   Lithog. par Aubry-Lecomte, 1848.

Les petits Dévideurs ont été aussi lithographiés par Colette.

Dessins. Les deux croquis au crayon noir et à la craie sur papier bleu, font partie de la collection de M. Eudoxe Marcille.

— Un autre croquis de l'Amour cueillant une orange, fait partie de la collection de M. Eudoxe Marcille.

1. M. E. Marcille possède, fondus en bronze par Thomire, les quatre couvercles des boîtes à bijoux. Le quatrième, dont le dessin lui manque, et qui fait pendant à l'amour cueillant une orange est, « un amour arrosant un arbuste ».

On ne connaît pas le dessin du candélabre.

Le dessin du flambeau au crayon noir sur papier jaune, dessin d'un jet superbe et d'une ébauche de travail tout à fait artistique, représente, à la fois, le flambeau de profil et le flambeau de face. Le flambeau vu de profil est formé par le corps de deux Grâces, dos à dos, soutenant les bobèches de leurs bras étendus. Le flambeau vu de face montre le corps d'une Grâce, les bras coupés. Le flambeau a pour soubassement deux amours assis et accotés à une urne. On lit sur le dessin, de l'écriture de Prud'hon, à côté du flambeau de profil : *Les Grâces trop grandes et le soubassement trop bas;* à côté du flambeau de face : *Celui-ci à suivre pour les proportions.*

Le dessin fait partie de la collection de M. Eudoxe Marcille.

— 113 —

LE LAVABO.

Prudhon inv.   *Cavelier et Pierron, del et sc.*

Il est gravé sur la seconde planche, la planche du profil du Miroir.

Le lavabo ou Athénienne, en forme de trépied, supporte une aiguière, sur laquelle on voit la nymphe de la Seine couchée sur des roseaux et entourée d'amours et de zéphyrs.

Dessins. Le croquis d'ensemble à la plume sur papier bleu, est dans la collection de M. Eudoxe Marcille.

— Deux dessins différents de la frise semblent avoir été faits, ce sont la frise d'en haut et d'en bas de la planche gravée sous le titre :

— 114 —

CAPRICES.

Dess. par Prud'hon. Col. Marcille. Lith. par Jul. Boilly.

— Fragment lithographié dans la frise supérieure : « La toilette de Vénus », pour l'ornement du lavabo. Dessin au crayon noir à la cernée puissante sur papier bleu, faisant partie de la collection de M. Eudoxe Marcille. Cette composition semble avoir été abandonnée.

— Fragment lithographié dans la frise inférieure « La Seine entourée d'Amours ». Le dessin au crayon noir et à la craie sur papier bleu, fait partie de la collection de M. Eudoxe Marcille. Composition définitivement adoptée, et où l'on ne trouve pas le petit amour qui puise de l'eau et celui qui boit, mais composition qui semble avoir subi des changements, autant qu'on en peut juger par le rien de gravure qu'en donne le trait de Cavelier et Pierron.

———

FAUTEUIL.

Prudhon inv.   *Cavelier et Pierron, del et sc.*

Il est gravé sur la seconde planche avec le Lavabo.

Le fauteuil porte sur des fleurs dont quatre cornes d'abondance sont remplies. Psyché enchaînant l'Amour et se faisant traîner par le dieu forme le bras du fauteuil.

Dessins. Le dessin d'ensemble du fauteuil, au crayon noir et à la craie sur papier bleu, fait partie de la collection de M. Eudoxe Marcille.

— 115 —

Psyché enchaînant l'Amour.

(J.-G. de Goncourt.)

Eau-forte publiée dans : « L'Art du dix-huitième siècle. »

1er État. — Eau-forte pure.

2me État. — La planche reprise et remordue.

3me État. — Avec l'ajouté : *Fauteuil de Marie-Louise.*

—Fragment. Le dessin du bras de fauteuil, dessin exécuté au crayon noir sur papier gris, fait partie de la collection de M. Edmond de Goncourt.

— 116 —

BERCEAU DE S. M. LE ROI DE ROME.

Exécuté en vermeil, burgau et nacre, par Odiot et Thomire.

Prudhon inv.   *Cavelier et Pierron del. et sc.*

Une petite gravure au trait en réduction du berceau du roi de Rome a été faite sous la direction de Couché fils.

Ce berceau, dont les ornements en vermeil burgau et nacre ressortent sur un fond de velours nacarat, est supporté par quatre cornes d'abondance près desquelles sont les génies de la Force et de la Justice. Le berceau est formé de balustres de nacre parsemés d'abeilles. Un bouclier portant le chiffre de l'Empereur, entouré d'un triple rang de palmes, de lauriers, de lierre en forme de tête. La Gloire planant sur le monde soutient la couronne de l'immortalité au milieu de laquelle brille l'astre NAPOLÉON. Un jeune aiglon placé au pied du berceau a les yeux fixés sur l'astre du héros et ouvre ses ailes pour essayer de s'élever jusqu'à lui.

Un rideau de dentelle, semé d'étoiles et terminé par une riche broderie, retombe sur les bords du berceau.

Dessin. Le dessin, très-terminé au crayon noir et à la craie sur papier bleu, est dans la collection de M. Eudoxe Marcille.

— 117 —

PIED DU BERCEAU. TÊTE DU BERCEAU. BAS-RELIEFS LATÉRAUX [1].

Exécutés par Thomire et Odiot.

Prudhon inv.   *Cavelier et Pierron del. et sc.*

Planche de détails.

Une petite gravure, au trait, en réduction des détails du berceau du roi de Rome, a été exécutée sous la direction de Couché fils.

Le pied du berceau est fait par le génie de

1. Les cinq planches représentant le mobilier de l'Impératrice-Reine étaient vendues 6 francs à la vente Alphonse David, 1852; — 28 francs à la vente Carrier, 1875.

la Justice. La tête du berceau par le génie de la Force appuyée sur la massue d'Hercule et ayant au dessous de lui les armes de l'Empereur.

— 118 —

La Justice.

P. P. pinx.   *Eug. Leroux lith.*

Collection Marcille.

— 119 —

La Force.

P. P. pinx.   *Eug. Leroux lith.*

Imp. Bertauts, à Paris.

Ces deux lithographies sont tirées des « Artistes anciens et modernes ».

Dessins. Les croquis de « la Justice » et de « la Force », exécutés au crayon noir et à la craie sur papier bleu, étaient dans la collection de M. Camille Marcille. Ils viennent d'être rachetés 1,220 francs par M. Eudoxe Marcille à la vente du 6 mars 1876.

Les bas-reliefs représentent, l'un : la Seine couchée sur son urne et recevant dans ses bras l'enfant que les dieux lui confient; l'autre, le Tibre couché sur un fragment antique, où l'on distingue la louve allaitant Rémus et Romulus.

Dessins. Les croquis de la Seine et du Tibre, exécutés au crayon noir et à la craie sur papier bleu, étaient dans la collection de M. Camille Marcille. Ils viennent d'être rachetés 1,255 francs par M. Eudoxe Marcille à la vente du 6 mars 1876.

— 120 —

Surtout de table de l'Impératrice-Reine.

Dessin de Prud'hon.   *Lith. par Jul. Boïlly.*

Paris. Sieurin, rue de Seine, 13.

Motif qui n'est pas gravé dans le mobilier de l'Impératrice-Reine, mais que M. Camille Marcille estimait avoir été dessiné pour un surtout de table.

Cette composition, représentant trois danseuses jouant des cymbales, du triangle, du tambour de basque, a été gravée sans titre.

Dessins. Les trois danseuses, dessins de la plus

grande élégance et de la plus magistrale facture, exécutés sur papier bleu verdâtre, au crayon noir et à l'estampe avec rehauts de blanc (H. 43 c.; L. 20 c.), faisaient partie de la collection de M. Camille Marcille. A la vente du 6 mars 1876, la danseuse jouant du tambour de basque était vendue 1,955 francs; la danseuse jouant du triangle, 2,600 francs; la danseuse jouant des cymbales, 2,800 francs. Ces trois dessins feraient maintenant partie de la collection de M. Wilson.

ILLUSTRATIONS D'IMPRIMÉS

VIGNETTES.

— 121 à 123 —

Trois illustrations gravées par Roger, appartenant à l'édition grand in-quarto de DAPHNIS ET CHLOÉ, donnée par Didot en l'an VIII.

121. Le Chevrier portant pour légende : *En cette terre, un chevrier nommé Lamon..... trouva un petit enfant que l'une de ses chèvres allaictait.....*

1er État. — Eau-forte pure dans l'Œuvre de Roger.

2me État. Avant l'inscription dans la tablette et avec à la pointe : **P.-P. Prud'hon *inv. et del.* B. Roger *inc.*** Une

épreuve de cet état des trois estampes était vendue 7 fr. 50 c.;
— à la vente Alphonse, 1859, 15 fr. 50 c.; — à la seconde
vente Leblond, 1869; — 31 francs à la vente du 2 mars 1874.

3ᵐᵉ État. Avec l'inscription dans la tablette et les noms
du peintre et du graveur ainsi gravés : *P.-P. Prudhon inv.
del. B. Roger sculp.*

4ᵐᵉ État. — Avec au-dessous de l'inscription et entre
les noms du peintre et du graveur : *P. Dien, Imp. r. Haute-
tefeuille, 30, Paris.*

Une mauvaise gravure au trait a été exécutée par
Normand.

Dessin. Première idée. Un croquis rehaussé du
Chevrier a été vendu 92 francs à la vente de Boisfremont, 1864.

122. Daphnis cherchant une cigale et portant pour légende : *Daphnis..... usant de cette occasion..... lui meit bien avant dans le sein, dont il tira la gentille cigale.*

1ᵉʳ État. — Eau-forte pure dans l'Œuvre de Roger.

2ᵐᵉ État. — Avant l'inscription et avec à la pointe :
P.-P. Prudhon inv. et del. B. Roger incidit.

3ᵐᵉ État. — Avec l'inscription et les noms du peintre
et du graveur ainsi gravés : *P.-P. Prud'hon, inv. del.
B. Roger, sculp.*

4me État. — Avec au-dessous de l'inscription et entre les noms du peintre et du graveur : *P. Dien, Imp. r. Haute-feuille, 30, Paris.*

Une mauvaise gravure au trait, attribuant la composition à Gérard, a été exécutée par Normand.

Peinture de Daphnis cherchant une cigale.

Petite esquisse peinte (H. 26 c., L. 20 c.) vendue chez Laperlier 2,600 francs. M. Laperlier l'avait achetée 1,000 francs de Mme veuve Power.

Dessin. Croquis au crayon noir et à la craie sur papier bleu, faisant partie de la collection de M. Mahérault. Ce croquis a été vendu en 1864, à la vente Boisfremont, 181 francs.

123. Le Bain portant pour légende : *Chloé mena Daphnis dans la caverne des Nymphes..... et..... en présence de Daphnis lava son beau corps d'elle-même.*

1er État. — Eau-forte pure dans l'Œuvre de Roger.

2e État. — Avant toute inscription et toutes lettres. Cependant les toutes premières épreuves portent en bas à gauche en pleine marge : *B. Roger, incidit,* mais cela en caractères si microscopiques et égratigné d'une manière si légère que cette inscription a dû disparaître après le tirage de cinq ou six épreuves. Une épreuve de cet état, que M. His de la Salle, a arrachée du bain chez Blaisot, ne voulant pas attendre qu'elle fût sèche, est la plus belle épreuve que j'ai vue de cette estampe.

3ᵐᵉ État. — Avant l'inscription et avec la pointe : *P.-P. Prud'hon, inv. del. B. Roger incidit.*

4ᵐᵉ État. — Avec l'inscription et les noms du peintre et du graveur ainsi gravés : *P.-P. Prudhon, inv. del. B. Roger. sculp.*

5ᵐᵉ État. — Avec au-dessous de l'inscription et entre les noms du peintre et du graveur : *P. Dien, Imp. r. Hautefeuille, 30, Paris.*

Une réduction du Bain a été gravée par Lecomte.

Une copie moderne du Bain a été gravée par Montaut dans l'*Artiste*.

Dessin du Bain. Première idée largement esquissée avec des tâtonnements de forme et des rondeurs rehaussées de blanc.

Ce dessin au crayon noir et blanc sur papier bleu appartient à M. le baron Dejean.

Remarquons que les trois dessins livrés au citoyen Didot pour l'illustration de *Daphnis* et *Chloé*, dessins exposés au Salon de l'an V, étaient des lavis à l'encre de Chine. L'on ignore ce qu'ils sont devenus.

Deux autres compositions, se rapportant à cette publication et rejetées par le peintre ou l'éditeur, ont été exposées à l'École des Beaux-Arts.

_____

— 124 —

Daphnis cherchant une cigale.

Cette composition diffère du motif adopté par l'éditeur Didot, en ce que dans l'estampe gravée par Roger, Chloé tend ingénument sa gorge à Daphnis pour qu'il y prenne la cigale, tandis qu'ici Chloé semble se détourner dans un sentiment de pudeur moderne.

Elle a été reproduite en imitation de lavis avec au bas de l'estampe : *Fac-simile d'une esquisse de Prud'hon, appartenant à M. Marcille et gravée par Louis Schaal, juil. 1852.*

Dessin. Première pensée. Croquis à la plume sur papier verdâtre légèrement rehaussé, faisant partie de la collection de M. Camille Marcille. A la vente du 6 mars 1876, il a été acheté 610 francs par M. Armand.

_____

— 125 —

Daphnis et Chloé luttant.

P.-P. Prudhon del.   *C. Bellenger, lith.*

Fac-simile de dessin.

Cette composition ainsi que la précédente ont été gravées par Boilvin pour l'édition *Daphnis et Chloé* que vient de mettre en vente l'éditeur Lemerre.

Dessin. Première idée. Croquis sur papier bleu à la plume. La plume employée dans ce croquis, ainsi que dans les autres premières pensées, semble une plume de roseau qui contourne les formes avec la largeur d'un trait de pinceau.

Ce dessin fait partie du musée d'Orléans.

— 126 —

Le Bain.

Petite composition différente et d'un format plus petit que celle gravée pour l'édition de Didot. Elle a été faite pour l'illustration du livre intitulé : *Gli amorali pastorali di Daphni di Longo sophista, tradotti dalla lingua græca dal commendatore Annibal Caro.* Parigi, Ant. Renouard, an IX.

1er État. Eau-forte pure dans l'Œuvre de Roger.

2me État. Sans le titre avec les noms du peintre et du graveur à la pointe : *Prudon del., Roger sc.*

3me État. Avec *Daphni et Chloé,* en tête de l'estampe.

Il existe une copie en ovale et en contre-partie sans nom de peintre et de graveur. Elle porte en bas : « *Daphnis et Chloée.* »

Une mauvaise eau-forte au vernis mou, dans un format amplifié porte : *L. Debucourt.*

Une grande lithographie, où la petite vignette est considérablement amplifiée, a été exécutée par Blanchard et publiée par Bulla.

Dessins. Première idée. Un croquis de premier coup sur papier bleu, tout rondissant de formes joliment martelées, est dans la collection du baron Dejean.

— Le dessin, terminé sur papier jaune, fait partie de la collection de M. Ambroise Didot.

— 127 —

LA DÉLIVRANCE D'ANZIA.

Prudhon del.   *Roger sculp.*

Et en tête : *Abrocome et Anzia.*

Vignette exécutée pour l'illustration du livre intitulé : *Gli Efesiaci di Senofonte Elesio, Volgarizzati da Ant. Maria Salvini. Parigi, Ant. Renouard, IX in-12.*

1er État. — Eau-forte pure dans l'Œuvre de Roger.

2me État. — Avant Abrocome et Anzia en tête et avec les noms d'auteur et de graveur à la pointe. Une épreuve de cet état était vendue 5 fr. 50 à la vente d'Alphonse David ; — 7 fr. à la vente du 5 juin 1872.

3me État. — Celui décrit.

Il y a des exemplaires tirés sur satin donnant aux chairs une lumière argentée. M Burty possède un exemplaire de cette condition.

Dessin. Le dessin terminé au crayon noir et à la craie sur papier bleu fait partie de la collection de M. Eudoxe Marcille.

— 128 —

Sylvie et le Satyre.

P.-P. Prudhon inv. del.   *B. Roger sculp.*

En tête : *Aminta.*

Petite composition pour l'illustration de

l'*Aminta* du Tasse, publiée par Renouard en 1801.

1er État. — Eau-forte pure dans l'Œuvre de Roger.

2me État. — Avec les noms à la pointe du peintre et du graveur : *P. Prudhon inv. B. Roger sc.,* et avant le nom *Aminta* en tête. Une épreuve de cet état était vendue 6 fr. 50 à la vente du 5 juin 1872.

3me État. — Avec les noms gravés, mais avant *Aminta*.

4me État. — Celui décrit. — Une épreuve de cet état était vendue 3 fr. 50 à la vente du 5 juin 1872. Il y a des épreuves tirées à l'encre noire et à l'encre bistrée.

Dessins. Première idée. Puissante petite esquisse au crayon noir et à la craie, appartenant à M. Lallemand. Ce dessin a été payé **229** francs à la vente de Boisfremont 1864.

— Une autre première idée a été vendue 130 francs à la vente Laperlier.

— Le dessin terminé, à la sépia sur papier blanc, presque poussé au fini d'une gravure, fait partie de là collection de M. Alexandre Dumas. Ce dessin était acheté **750** fr. à la vente Renouard, 1854, par M. Laperlier sous le nom de M. Carrier. Au moment de la vente, M. Laperlier le cédait à l'amiable pour 1,000 francs à M. Petit, qui le revendait à M. Didier.

Le catalogue Renouard dit que les peines et le temps que coûtèrent ce dessin à Prud'hon lui firent refuser, malgré offres et supplications, de continuer à exécuter, avec le même procédé, les dessins qu'il avait promis pour l'*Imitation de Jésus-Christ*, l'*Abrocome et Auzia*, le *Daphnis et Chloé* d'Annibal Caro. Il ne voulut les illustrer qu'avec des dessins au crayon noir rehaussés de blanc.

— 129 à 131 —

Trois illustrations faisant partie de l'édition in 4° de l'*Art d'aimer* par Bernard, publiée en 1797 par Didot, l'aîné.

129. CHOISIR L'OBJET.

Prudhon del.   *Et. Brisson sculp.*

1er État. — Avec l'inscription indiquée en lettres grises au-dessous de la tablette et les noms à la pointe du peintre et du graveur : *Prudhon del. Et. Brisson sculp.* Une épreuve de cet état des quatre estampes était vendue 11 francs à la vente Alphonse David, 1859; — 21 francs à la seconde vente Leblond, 1869; — 67 francs à la vente Soleil, 1872.

2me État. — Celui décrit avec le titre inscrit dans la tablette.

« Choisir l'objet » a été lithographié par Langlois.

Dessin. Première pensée. Croquis au crayon noir, tracé d'un large contour sur papier bleu et légèrement rehaussé de blanc. Il fait partie de la collection de M. Eudoxe Marcille.

130. L'ENFLAMMER.

Prudhon del.   *Et. Brisson sculp.*

1ᵉʳ État. — Avec l'inscription indiquée en lettres grises au dessous de la tablette et les noms à la pointe du peintre et du graveur.

2ᵐᵉ État. — Celui décrit avec le titre dans la tablette.

Dessin. Première pensée. Croquis de la même facture que le croquis « Choisir l'objet » faisant partie de la collection de M. Eudoxe Marcille.

131. EN JOUIR.

Prudhon inv.   *Copia sculp.*

1ᵉʳ État. — Eau-forte pure chez M. His de la Salle.

2ᵐᵉ État. — Avant toute inscription et tout nom de peintre et de graveur chez M. His de la Salle.

3ᵐᵉ État. — Avec les noms à la pointe du peintre et du graveur, mais sans l'inscription en lettres grises, chez M. His de la Salle.

4ᵐᵉ État. — Avec l'inscription indiquée en lettres grises au-dessous de la tablette, et les noms à la pointe du peintre et du graveur. Une épreuve de cet état imprimée au bistre était vendue 40 francs à la vente Soleil.

5ᵐᵉ État. — Celui décrit avec le titre inscrit dans la tablette et les noms du peintre et du graveur gravés.

Dessin. Première pensée. Croquis de la même facture que « Choisir l'objet » et « l'Enflammer » faisant partie de la collection de M. Eudoxe Marcille.

Deux dessins terminés de cette suite, dont on ne connaît pas les possesseurs actuels, deux dessins exécutés à la plume sur vélin étaient exposés par Prud'hon sous le n° 390 au Salon de l'an V.

Les trois dessins terminés de cette suite seraient aujourd'hui en possession de M. René.

Une autre suite de ces trois dessins aurait passé en Russie à la fin du siècle dernier. Ils auraient été vendus, dit M. Bruun Neergard, par M. Didot à un amateur russe.

Voir, pour la quatrième illustration de « l'Art d'aimer » le n° 4 du catalogue des Eaux-fortes de la main du Maître, la planche gravée par Prud'hon sous le titre de PHROSINE ET MÉLIDORE.

_____

— 132 à 136 —

Cinq illustrations gravées par Copia pour l'édition de la *Nouvelle Héloïse* publiée par Bossange, Masson et Besson.

132. *Le premier baiser de l'Amour.*

P.-P. Prudhon invenit.   *Copia sculp.* (à la pointe).

1er État. — Eau-forte pure chez M. His de la Salle.

2me État. — Avant le titre dans la tablette, avec au-dessous, à la pointe : *P P Prudhon invenit. Copia sc.* — Une épreuve de cet état était vendue **32** francs à la vente Alphonse David, 1859; — 40 francs à la vente Dromont, 1871.

3me État. — Celui décrit avec le titre dans la tablette.

4me État. — Avec le nom de Maria substitué au nom de Copia dans la planche retouchée.

Dessins. Première idée. Croquis à la plume sur papier bleu, faisant partie de la collection de M. Valferdin.

— Le dessin terminé, jolie petite vignette du plus extrême fini, lavée à l'encre de Chine, appartient à M. Hauguet.

133. *L'Héroïsme de la valeur.*

Copia sc. (à la pointe).

1er État. — Eau-forte pure chez M. His de la Salle.

2me État. — Avant le titre dans la tablette, avec au-dessous à la pointe : *Copia sc.*

3me État. — Celui décrit avec le titre dans la tablette.

134. *Je ne me bats pas contre un insensé.*

*Prudhon.   *Copia sc.* (à la pointe).

1er État[1]. — Avant le titre dans la tablette, avec au-dessous à la pointe : *P P Prudhon. Copia sc.*

2me État. — Celui décrit avec le titre dans la tablette.

135. *Ma fille, respecte les cheveux blancs de ton malheureux père.*

Copia sculp.

1er État. — Eau-forte pure chez M. His de la Salle.

2me État. — Avant le titre dans la tablette, avec au-dessous à la pointe : *Copia sc.*

3me État. — Celui décrit avec *Copia sculp.* gravé. Une épreuve de cet état de toutes les planches était vendue 13 fr. 50 à la seconde vente Leblond, 1869.

Un dessin de « Ma fille, respecte les cheveux blancs de ton père », vignette très-terminée à l'encre

1. Il est bien présumable que, de toutes les vignettes ainsi que de toutes pièces gravées par Copia, il existe des eaux-fortes, mais le catalogueur est tenu à ne donner que les pièces par lui vues, ou les pièces dont l'état d'eau-forte pure a été signalé par les catalogues de vente. Malheureusement pour les pièces gravées d'après Prud'hon, il ne se trouve pas un seul état d'eau-forte dans le misérable Œuvre de Copia que possède le cabinet des Estampes.

de Chine, et qui a été remplacée par le dessin gravé de l'édition, appartient à M. Mahérault.

136. *Il appliqua sur sa main malade des baisers de feu.*

Copia sc. (à la pointe).

1ᵉʳ État. — Avant le titre dans la tablette, avec au-dessous à la pointe : *Copia sc.*

2ᵐᵉ État. — Celui décrit avec le titre dans la tablette.

Le Serment.

COMPOSITION POUR UNE ILLUSTRATION DE ROUSSEAU QUI A ÉTÉ ABANDONNÉE.

Dessin. Première pensée. Croquis sur papier bleu à l'encre, dont le ton vieilli et roux fait ressembler le dessin à une esquisse au bitume. Il appartient à M. Gariel, qui l'a acheté 38 francs à la vente de Boisfremont 1864.

Je crois qu'il existe un dessin terminé de cette première pensée.

— 137 à 141 —

Cinq illustrations pour le roman de « La

Tribu indienne, ou Édouard et Stellina » par
C. L. B. (Lucien Bonaparte). Paris, Hon-
nert, an VII, 1799. 2 vol. in-12.

___

137. *Stellina introduisant Édouard dans la grotte de l'Hospitalité* [1].

Prudhon inv.   *B. Roger sc.* (à la pointe).

1er État. — Eau-forte pure, avec doubles filets pour la
tablette, dans l'Œuvre de Roger au cabinet des Estampes.

2me État.— Celui décrit avec la tablette ombrée et sans
inscription. Une épreuve de cet état était vendue 46 francs
à la vente d'Alphonse David 1859 ; — 95 francs à la vente
Dromont, 1871.

Copie en contre-partie :

1er État. — Avec la tablette vide et sans aucun nom,
chez M. His de la Salle.

2me État. — Avec l'inscription : LA GROTTE, dans la
tablette, et les noms gravés : *Prudhon inv. Mlle A. Bleuze sc.*

3me État. — La tablette effacée avec à la pointe : *Prudhon del.*

Cette estampe ainsi que les quatre autres qui ont été

1. Je donne des titres aux cinq estampes d'après la lecture
du roman. Cette première estampe dans les anciens catalogues
est connue tantôt sous le nom de la « Petite Diane », tantôt
sous le nom de « La Chasseresse ».

gravées pour l'illustration de la Tribu indienne, mais sans avoir été introduites dans les deux volumes, sont de la plus grande rareté. Roger, dans le catalogue autographe de son Œuvre du cabinet des Estampes, nous apprend que les planches n'ont tiré que douze épreuves. Les planches, depuis, auraient été détruites par les enfants de Lucien, qui, pour les polir, se seraient amusés à les frotter avec du grès.

---

138. *Riamir armé de sa massue, délivrant les prisonniers anglais*[1].

1er État. — Avant toutes lettres, avec la tablette sans inscription.

2me État. — Avec au-dessous de la tablette vide : *Godefroy sculp*. Cet état de la plus grande rareté, qui ne se trouve ni chez M. His de la Salle, ni chez M. Marcille, ni chez M. Maherault, ni chez M. Laperlier, a été vendu 53 francs à la vente Alphonse David, 1859.

Dessin. Première idée. Croquis assez avancé au crayon noir et à la craie sur papier bleu, appartenant à M. Gariel. Il a été payé 175 francs à la vente de Boisfremont 1864.

1. Cette estampe est connue dans les anciens catalogues sous le titre de « L'homme à la massue ».

139. *Stellina prosternée aux pieds de l'idole de cyprès, dont un bras repose sur la Discorde, dont l'autre lance la Tempête*[1].

Prudhon inv.   *Roger, sc.* (à la pointe).

1er État. — Eau-forte pure, avec les filets indiquant la tablette, dans l'Œuvre de Roger.

2me État. — Avant la lettre avec la tablette ombrée, sans les noms du peintre et du graveur et sans inscription.

3me État. — Celui décrit avec la tablette ombrée et sans inscription. Une épreuve de cet état était vendue 17 francs à la vente Alphonse David, 1859.

Dessin. Croquis au crayon noir et à la craie sur papier bleu, portant en haut de l'écriture de Prud'hon : L'ORACLE; et en bas : *Fuis Riamir, l'ennemi des Dieux, avant trois jours choisis ton époux et je te rends à Brama.* Ce croquis fait partie de la collection de M. Mahérault.

---

1. Cette estampe est connue dans les anciens catalogues tantôt sous le titre de « La Vengeance », tantôt sous le titre de « la Discorde », tantôt sous le titre de « Jupiter adoré ».

140. *Stellina surprise au sortir du bain par Édouard.*

Prudhon inv.   *B. Roger sc.* (à la pointe).

1ᵉʳ État. — Eau-forte pure avec un simple filet pour la tablette dans l'Œuvre de Roger.

2ᵐᵉ État. — Avec la tablette ombrée, sans aucun nom d'auteur au-dessous de la tablette, chez M. His de la Salle.

3ᵐᵉ État. — Celui décrit avec la tablette toujours vide.

Une épreuve de cet état se vendait 15 fr. 50 à la vente Alphonse David, 1859; — 30 francs à la vente Dromont, 1871; — 155 francs à la vente Galichon, 1875.

Une copie du groupe du jeune homme agenouillé et de la femme nue, copie en contre-partie et sans fond, porte : *Jourdain sculp.*

Cette composition a été encore lithographiée de même grandeur par Bellanger.

Dessins. Première pensée. Croquis jeté à gros traits de plume sur papier bleu. Il fait partie de la collection de M. Marmontel.

— Le dessin au crayon noir sur papier blanc, dessin poussé au dernier fini, appartient à M. Maurice Richard.

———

141. *Édouard comptant son or et séparant les monnaies*[1].

Prudhon inv.   *B. Roger sc.* (à la pointe).

Une tradition veut que Prud'hon ait reproduit dans l'homme penché sur l'or les traits de Girodet.

1er État. — Eau-forte pure, avec indication de la tablette ombrée à droite et au-dessous dans l'Œuvre de Roger.

2me État. — Celui décrit avec la tablette ombrée. Une épreuve de cet état était vendue 70 francs à la vente Alphonse David, 1859 ; — 96 francs à la vente Dromont, 1871 ; — 251 à la vente Carrier, 1875.

De « la Soif de l'or » il y a une grande réduction imprimée au bistre et portant sur le terrain à droite : *P L Debucourt*; puis une petite réduction au bas de laquelle est gravé à la pointe : *D'après le croquis de Prudhon P. D. fecit*.

Une petite copie moderne gravée d'après l'original par Budischoirky a été publiée chez Rapilly.

« La Soif de l'or » a été également reproduite en lithographie deux fois. L'une d'un grand format ne porte pas de nom, l'autre est de Aubry-Lecomte, 1844.

1. Cette estampe est cataloguée sous le titre de « La soif de l'or «.

Aux cinq compositions gravées par Roger et Godefroy il faut joindre deux compositions inédites :

Le Sacrifice.

Dessin. Première pensée. Sur le croquis au crayon noir et à la craie, Prud'hon a écrit : LE SACRIFICE, puis en bas : *Audacieuse, sans les vertus de ton père j'appellerai la foudre sur ta tête. Éloigne-toi.* Ce croquis fait partie de la collection de M. Maherault.

La Discorde.

Dessin. Première pensée. Sur le croquis au crayon noir et à la craie, Prud'hon a écrit : LA DISCORDE, puis en bas : *Je désire qu'avant le troisième jour mon époux soit connu de tous les Tenadâres.* Ce croquis acheté à la vente de Boisfremont fait partie de la collection de M. Maherault.

— 142 —

NAUFRAGE DE VIRGINIE.

Prud'hon inv. del.   *Roger scul.* (à la pointe).

Composition pour la grande édition du Paul et Virginie, publié par Didot en 1806.

₊ 1ᵉʳ État. — Eau-forte portant au-dessous du filet d'en bas : *B Roger aqua f.* Une épreuve de cet état était vendue 4 francs 75 à la vente Alphonse David, 1859.

2ᵐᵉ État. — Celui décrit. Une épreuve de cet état était vendue 8 fr. 50 à la vente Alphonse David, 1859.

3ᵐᵉ État. — Avec la légende : *Elle parut 'vn ange qui prend son vol vers les cieux,* et avec le changement : *Gravé par Roger.* Une épreuve de cet état était vendue 2 fr. 50 à la vente Alphonse David.

4ᵐᵉ État. — Avec retouche et portant : *Imprimerie de Dien.* De cette planche faite pour le format in-4° de l'édi- tion Didot, il existe une réduction portant : *B. Roger sculp.* Une épreuve de cette estampe avant la lettre était vendue 5 fr. 50 à la vente Alphonse David, 1859.

Il y a eu une reproduction de cette estampe par Blan- chard.

A l'exposition de l'École des Beaux-Arts, a été exposée une épreuve de la gravure de Roger, coloriée par Prudhon, comme modèle pour l'impression en couleur, avec une dédi- cace de sa main, à Mᵐᵉ Bernardin de Saint-Pierre.

Dessins. Première idée. Croquis au crayon noir et à la craie, sur papier gris. Dans ce croquis Vir- ginie a les deux mains croisées sur la poitrine. Cette première idée appartient à Mᵐᵉ Charpentier, mère.

— Croquis au crayon noir et à la craie sur papier bleu. Dans ce second croquis joliment fouetté de blanc et de l'écume des vagues, Virginie rabat d'une main sa jupe, mouvement adopté par la gravure. Ce croquis appartient à Mlle Denain.

Est-ce le dessin vendu 340 francs à la vente Laperlier et que M. Laperlier avait acheté 100 francs à Mme Power?

— Dessin terminé à la sépia sur papier blanc pour servir de modèle à la gravure. Ce dessin appartient également à Mlle Denain.

———

Deux illustrations pour l'édition in-folio de Racine donnée en l'an IX par Didot l'aîné :

— 143 —

APOTHÉOSE DE RACINE.

Prud'hon del.   *Marais sculp.*

En tête : FRONTISPICE, et comme légende : SON GÉNIE ET MELPOMÈNE LE MÈNENT A L'IMMORTALITÉ.

A Paris, chez Didot l'aîné.

1er État. — Avant toutes lettres. Très-rare. M. Maherault en possède une épreuve superbe, où manquent encore quelques travaux.

2me État. — Avec les noms de peintre et de graveur à la pointe, mais avant l'inscription.

3me État. — Celui décrit. Une réduction in-8 de l'estampe de Marais a été gravée par Velyn : Elle porte *Prudhon del.*

Velyn sculp. Une épreuve avant la lettre de cette estampe était vendue 8 francs à la vente Alphonse David, 1859.

Une autre réduction a paru avec la même légende, elle est gravée par Leroux.

* Un petit trait gravé a été exécuté de la composition.

Une lithographie, de la grandeur de la gravure de l'édition de Didot, a été lithographiée par Pellicot, avec la mention, que le dessin d'après lequel elle est exécutée fait partie de la collection Revil.

Dessins. Première idée. Énergique et vaillant croquis au crayon noir et à la craie sur papier bleu, faisant partie de la collection de M. Eudoxe Marcille. Il a été vendu 127 francs à la vente du cabinet Revil en 1842, et acheté 252 francs par M. Marcille père en 1850 à la vente de la collection de M. B. de C. de Valenciennes.

— Dessin très-terminé sur papier blanc au crayon noir, dessin pour la gravure. Il appartient à M. Maherault qui l'a payé 500 francs à une petite vente anonyme faite par Barre.

— 144 —

La Thébaïde.

Prud'hon del.   *L Duval s.*

Estampe de la plus grande rareté, chez M. His de la Salle et chez M. Maherault.

D'après M. Renouvier, quelques premières épreuves de cette estampe porteraient seules le nom de Prud'hon, le nom de Prud'hon ayant été remplacé sur les épreuves par celui de Moitte 1. Cette substitution de nom serait une curieuse révélation sur la jalousie dont les élèves de David, et notamment Gérard, poursuivaient Prud'hon. Ces messieurs auraient obtenu de Didot de ne plus l'employer à l'illustration de ses livres et auraient même exigé la suppression de son nom sur cette planche déjà exécutée d'après un de ses dessins. M. Maherault trouve dans cette composition un dessin de sculpteur, et croirait cette vignette de Moitte, avec peut-être quelques retouches de Prud'hon.

Cette estampe sous le nom de Moitte était vendue 2 fr. 50 en 1859 à la vente Alphonse David.

— 145 —

Pyrrhus et Andromaque.

J. Pelicier aque f.ti 1796 (à la pointe).

. Estampe faite pour l'illustration de Racine et d'après un dessin du cabinet de M. Eudoxe Marcille, dessin portant au dos ces vers écrits à la main de Prud'hon :

C'est un exil que mes pleurs vous demandent,
Souffrez que loin des Grecs et même loin de vous
J'aille cacher un fils et pleurer un époux.

1. En général on trouve cette épreuve sans le nom de Moitte, ni de Prud'hon, mais avec un grattage à la place du nom du dessinateur.

La gravure de la planche n'a été exécutée qu'à l'eau-forte. L'on ne connaît même que deux ou trois épreuves portant le nom de Pélicier, les autres sont sans nom d'auteur ni de graveur, et la tablette est restée vide de toute inscription.

Dessin. Le dessin, puissant mais un peu lourd, est sur papier verdâtre.

— 146 —

LE CHRIST PORTANT SA CROIX ET SUIVI [DES AMES MALHEUREUSES.

P P Prud'hon inv. del.   *B*y *Roger sculp.*

Composition pour l'illustration de l'*Imitation de Jésus-Christ,* traduite par Corneille et publiée par Renouard.

1ᵉʳ État. — Eau-forte pure avec au-dessous de la tablette gravée à la pointe et en caractères presque imperceptibles : *B Roger sc. aq.* Une épreuve de cet état était vendue 2 fr. 50, à la vente Alphonse David, 1859.

2ᵐᵉ État. Celui décrit avec la tablette encore vide et les noms à la pointe. Une épreuve de cet état était vendue 3 fr. 50 à la vente Alphonse David, 1859.

3ᵐᵉ État. — Avec dans la tablette la légende : *Qui sequitur me non ambulat in tenebris* L 1 C 1. Une épreuve de cet état était vendue 2 francs à la vente Alphonse David, 1859.

Dans une image de piété assez récente, la composition de Prud'hon est devenue : un chemin de la Croix.

Dessin. Le dessin, très-terminé au crayon noir et à la craie, fait partie de la collection de M. Eudoxe Marcille. Il a été acheté en 1854 à la vente Renouard 1,200 francs.

Dans un ramassis que M. Laperlier a fait de pièces attribuées à Prud'hon, sans que ni lui ni moi puissions donner aucune preuve de l'authenticité de ces pièces, il est un petit bois, une grossière image illustrant un alphabet publié sous la République « pour apprendre aux enfants à épeler avec la plus grande facilité », image qui présente tous les caractères du dessin du Maître. C'est une Muse assise, montrant, avec un style, les lettres de l'alphabet sur un tableau, à un enfant appuyé sur ses genoux. A droite se dresse un faisceau romain surmonté d'une banderolle sur laquelle est inscrite : *L'Instruction est le premier bienfait.*

Voir à la division des portraits les numéros 27 et 28, les numéros d'Ivan VI et de Lanskoï, le n° 72, le numéro de la *Paix* servant de frontispice à la *Situation des Beaux-Arts en France,* par Bruun Neergaard.

TÊTES DE LETTRES POUR LES ACTES
DU GOUVERNEMENT.

––––

— 147 —

Carte des environs de Paris.

J. B. Merlen f.

Petite carte, de la grandeur d'un pouce,
sur laquelle se lisent les noms des villes de
Paris, Saint-Denis, Sceaux. Elle est figu-
rée sur une pierre surmontée d'une palette
et d'une tête de Minerve, avec, à gauche,
un caducée, avec, à droite, une urne qui
s'épanche.

Cette petite gravure, sans doute faite au moyen d'un
procédé sur métal, par le bijoutier ami de Prudhon, est de
la plus grande rareté. Elle s'est vendue sous le n° 613 à la
vente Alphonse David, 1859.

––––

— 148 —

DIRECTOIRE EXÉCUTIF.

Dessiné par Naigeon l'aîné.   *Gravé par Roger.*

On lit sur la tablette autour du triangle égalitaire : *République française. Liberté, Égalité.*

Tête de lettre des actes du gouvernement sous le Directoire et le Consulat. Elle représente une figure allégorique coiffée d'un bonnet phrygien, tenant d'une main un gouvernail, de l'autre une couronne de roseaux. Cette figure allégorique a le pied posé sur un serpent qu'elle écrase, et le coude appuyé sur une tablette portant le triangle égalitaire.

1er État. — Eau-forte pure. Dans l'Œuvre de Roger, le feuillage qui entoure le coq encore non mordu, ou mal mordu, a été repris au crayon.

2me ou 3me État. — Sans coq, sans Victoire volante, sans serpent et portant : *Gouvernement français,* an VIII. Une épreuve d'un de ces états était vendue 9 fr. 50 à la vente Alphonse, 1859 ; — 11 francs à la vente du 2 mars 1874.

Cette planche a été gravée de trois grandeurs. Au bas d'une épreuve du format in-12 après les mots de : *Liberté, Égalité,* la lettre gouvernementale commence par ces mots : *Paris le an de la République française, une et indivisible.* Une autre du même format qui portait : *Gouvernement français, Nivôse an VIII* et où le coq, les attributs, la Victoire avaient disparu, était vendue 7 fr. 50 à la vente Alphonse David, 1859.

En dépit de la mention du nom de Naigeon comme dessinateur, de la répétition de ce nom dans le catalogue manuscrit de Roger, cette estampe présente tellement le caractère d'une gravure faite d'après un dessin de Prud'hon, qu'elle ne peut être enlevée à l'œuvre de Prud'hon. Le dessin de Naigeon serait-il la réduction d'un grand dessin de Prud'hon [1]?

— 149 —

PRÉFECTURE DE LA SEINE.

P P Prud'hon inv.   *B. Roger sc.*

Sur la colonne on lit : *République française* et en bas : PRÉFECTURE DE LA SEINE.
Le Préfet du département de la Seine.

Tête de lettre. Figure allégorique, entourant d'un bras la statuette de la Liberté et regardant dans le miroir de la Prudence ; un lion emblème de la force est à ses pieds. Elle est entre les mots LIBERTÉ, ÉGALITÉ.

1er État. — Eau-forte pure dans l'Œuvre de Roger.
2me État. — Avant les mots : *Liberté, Égalité* et l'entête

1. Mais si j'accepte l'entête de Naigeon du DIRECTOIRE EXÉCUTIF comme de Prudhon, je ne puis accepter l'entête du MINISTÈRE DE LA JUSTICE, signée Gauterot, pas plus que l'entête du SÉNAT CONSERVATEUR, copie maladroite du Maître et que Roger dans son catalogue manuscrit attribue à Desmarets. Je ne puis m'expliquer non plus pourquoi M. Villot fait figurer dans l'Œuvre de Prud'hon deux petites académies de femmes, qu'il désigne sous les titres de : RICHESSE DE LA TERRE, RICHESSE DE LA MER.

de la lettre. Une épreuve de cet état était vendue 26 francs à la vente Alphonse David, 1859.

3me État. — Celui décrit. Une épreuve de cet état était vendue 12 fr. 50 à la vente Alphonse David, 1859.

4me État.—Avec : *Le Secrétaire général de la Préfecture.* Une épreuve de cet état était vendue 4 fr. 50 à la vente Alphonse David, 1859.

Roger dans le catalogue de son œuvre dit que cette planche a tiré à 8,000 exemplaires sans qu'un seul trait ait disparu.

Il y a eu aussi de cette tête de lettre une reproduction de Merlen par un procédé.

Dessins. Le dessin au crayon noir et à la craie sur papier bleu, dessin poussé au fini, est dans la collection de M. Eudoxe Marcille.

— Autre dessin de la même composition au crayon noir et à la craie sur papier verdâtre. La tête de la figure allégorique est tournée de profil à droite. Ce dessin appartient à M. Marmontel.

— 150 —

DÉPARTEMENT DE LA SEINE-INFÉRIEURE.

Prudhon inv.   *B. Roger sculp.*

Rouen, le   *an de la République.*
Le Préfet

Tête de lettre représentant une académie

de femme, coiffée de roseaux, épandant les eaux d'une urne.

1er État. — Eau-forte pure dans l'Œuvre de Roger.

2me État. — Avant le pommier dont l'Œuvre de Roger contient l'épreuve unique. Roger est dans l'erreur : l'épreuve n'est pas unique.

3me État. — Avant l'entête. Une épreuve de cet état était vendue 21 francs à la vente Alphonse David, 1859; 45 francs à la vente Soleil, 1872.

4me État. — Celui décrit. — Une épreuve de cet état était vendue 11 francs à la vente du 2 mars 1874.

5me État — Avec : *Le Préfet du département de la Seine-Inférieure.*

La tête de lettre a été gravée sur bois par Besnard.

Dessin. Une première idée de cette petite composition a été vendue 9 francs à la vente de Bois-fremont 1864.

— 151 —

MINISTÈRE DE LA POLICE GÉNÉRALE.

Prudhon inv.   *B Roger sc.*

Paris, le   *an de la République française.*
Le ministère de la police générale de la République.
A.

Tête de lettre représentant la Vigilance

assise entre deux sphinx, un flambeau dans une main, un miroir dans l'autre ; à ses côtés un coq et un serpent.

1er État. — Eau-forte pure dans l'Œuvre de Roger.

2me État. — Celui décrit.

3me État. — Avec : *Le Sénateur Ministre de la Police générale de l'Empire.*

M. Villot dit que cette tête de lettre a été exécutée de trois grandeurs différentes. Les trois formats passaient en 1859 à la vente Alphonse David où ils se vendirent 14 francs. Une épreuve d'une de ces entêtes de lettres avec la signature de Fouché se vendait à la vente Dromont, 1871.

Il y a une eau-forte de la réduction moyenne dans l'Œuvre de Roger.

Cette tête de lettre a été aussi gravée sur bois.

Il a été exécuté chez Prodhomme et Cie une lithographie, agrandie de cette pièce.

Dessin. Première idée. Le dessin, au crayon noir et à la craie sur papier jaune, est dans la collection de M. Eudoxe Marcille.

— 152 —

MINISTÈRE DE L'INTÉRIEUR... BREVETS D'IN-VENTION, DE PERFECTIONNEMENT ET D'IMPORTATION ÉTABLIS PAR LES LOIS DES 7 JANVIER ET 25 MAI 1791.

Prudhon inv.   *B. Roger sculp.*

Sur la tablette que tient le Génie on lit : *Inventions nouvelles.*

Tête de lettre, représentant un Génie couronné par la République.

1er État. — Eau-forte pure dans l'Œuvre de Roger. Les changements de gouvernements en France ne permettent pas de préciser les nombreux états de cette planche. L'un porte : *République française.* Un autre : *Empire français.* Enfin, sur un état qui a servi sous la Restauration, le mot *La France* est substitué à l'*Empire Français* et la République décoiffée de son bonnet de liberté ne s'appuie plus sur un faisceau, mais sur un écusson fleurdelysé. Une épreuve du premier état, et avant de servir d'entête, était vendue 21 francs à la vente Alphonse David, 1859.

Une copie en contre-partie de cette composition avec un changement dans la tête de la République transformée en Hygie a été faite. Elle porte au bas : *M. de la Serrie delin. et sculp. amat. (ex Prudhon)* avec pour titre : *Higia déesse de la Santé couronnant le Génie de la Médecine, gravure dédiée à M. Blin, doct. méd.*

Dessin. Le dessin au crayon noir et à la craie sur papier bleu, dessin très-terminé, est dans la collection du docteur Guérard.

———

— 153 —

MINISTÈRE DE LA GUERRE.

P P Prudhon.   *B. Roger sculp.*

Paris, le   *an de la République française.*
Le Ministre de la guerre.

Tête de lettre, représentant la France, coiffée d'un casque surmonté d'un coq, une épée nue dans une main, une couronne dans l'autre.

Cette tête de lettre a plusieurs formats et plusieurs états. L'un des premiers états porte en tête : *République française.* Un autre a inscrit sur le socle : *Au nom du Peuple français,* et sur le soubassement : *Bonaparte, 1er consul de la République.* Un autre porte *Département de la Guerre,* avec dans le soubassement : *Gouvernement français.*

———

— 154 —

RÉPUBLIQUE FRANÇAISE, COLONIES
LOUISIANE.

Prudh. del.   *Roger sc.*

Le Préfet colonial de la Louisiane.

A

Tête de lettre, représentant une figure allégorique, tenant un caducée et une bourse ; un vaisseau dans le lointain.

1er État. — Eau-forte pure dans l'œuvre de Roger.

Il y a un état avec l'entête ainsi changé : *Nouvelle Orléans. An*

Une réduction existe, avant la lettre et l'entête, dans l'Œuvre de Roger ; le vaisseau n'existe plus.

Un mauvais bois a été exécuté de cette tête de lettre.

Je serais enfin tenté de reconnaître le crayon de Prud'hon dans un bois grossier, qui figure en tête des communications du *Comité de l'Instruction publique* des ans IIe et IIIe de la République française une et indivisible. C'est dans un ovale allongé ; une Muse assise, lisant dans un grand livre appuyé contre un faisceau surmonté d'un bonnet rouge. Elle porte en haut; *République française,* en bas; *Instruction nationale.* Cette pièce fait partie de la collection de M. Laperlier.

———

ADRESSES.

———

— 155 —

Adresse de Merlen.

Sans noms d'auteur ni de graveur.

Sur un socle on lit : MERLEN *graveur sur tous métaux et sur pierres fines, Palais du Tribunat n° 40.....*

1er État. — Eau-forte. L'épreuve qui existe dans l'Œuvre de Roger indique qu'il est le graveur de cette estampe.

2me État. — Celui décrit avec sur le cachet se détachant de la console un *P* et un *B* entrelacés. Une épreuve de cet état a été vendue 13 fr. 50, en 1859, à la vente Alphonse David.

3me État. — Avec l'adresse *Decourcelle graveur. Palais-Royal. 40 Galerie Montpensier. Paris.*

Peinture. La Minerve et l'ouvrier-graveur sur pierres fines, dessinés sur les deux côtés de la petite carte d'adresse, Prud'hon les avait peint, sur deux panneaux de verre encastrant le nom de Merlen au-dessus de là porte de sa boutique, et M. Maherault a pu encore les voir, en place, dans son enfance. Ces deux petites peintures incontestables (H. 32 c., L. 12 c.) M. His de la Salle a eu la bonne fortune de les retrouver chez Van Cuik qui les tenait de cet ancien cuisinier de Rothschild, ce fin connaisseur qui lança Diaz.

Dessin. Le dessin terminé au crayon noir et à la craie sur papier verdâtre, appartient à M. Bellanger.

Il provient de la vente Laperlier, où il a été vendu 500 francs. M. Laperlier l'avait acheté 300 francs de M. Soulange Tessier, le lithographe.

— 156 —

Adresse de la veuve Merlen.

B. Roger sculp.

Sur un socle on lit : Vᵉ MERLEN *tient fabrique et magazin d'orfévrerie, joaillerics et bijouteries dans le plus nouveau goût. Vend, achète et mcnte les diamants, le tout à juste prix.*

L'eau-forte pure est inconnue, elle n'existe pas dans l'Œuvre de Roger.

1er État. — Sans nom de graveur et sans aucune inscription sur la tabl. ce, chez M. His de la Salle.

2me État. — Celui décrit.

3me État. — Avec l'adresse : PALAIS EGALITÉ, galeries de pierre, n° 15, à côté de la rue Richelieu. Le nom du graveur Roger a disparu de la marge. Une épreuve de cet état a été vendue 10 fr. en 1859 à la vente Alphonse David ; — 51 francs à la vente Dromond en 1871.

4me État. — Avec l'adresse : Palais du Tribunat.

5me État. — Boulevard Montmartre n° 1047 entre les deux patissiers. A Paris. B Roger sculp.

Dans un recueil de petites gravures pour « Bonbonnières et Tabatières « que possède le cabinet des Estampes, gravures destinées à être coloriées, et à jouer, sous verre, entre les mains des gens peu fortunés, les dessus de boetes si fort à la mode au XVIIIe siècle, se trouve une copie de l'adresse de la veuve Merlen. Elle est en contre-partie et en ovale. Le socle de pierre et le coffret à bijoux ont été supprimés dans le resserrement de l'estampe. La femme essaie ses pendants d'oreille devant une glace, au-dessus de laquelle l'amour tend le collier de l'estampe de Roger. Dans l'ovale au-dessous est écrit : « A cette brillante toilette qui ne voit l'amour de Rosette! »

Dessin. Une aquarelle d'une dimension beaucoup plus grande que la première pensée possédée par M. His de la Salle, a été en possession d'un amateur de la rue du Cherche-Midi qui en demandait

2,000 francs. C'est une indication qui m'est donnée par M. Georges Duplessis.

————

— 157 —

Composition primitive.

Dessiné par P P Prud'hon.   *Lith. par Bellanger.*

Portant pour titre : *Fac simile d'un dessin de P P Prud'hon pour l'adresse de la veuve Merlen.*

Trois épreuves de cette lithographie d'état différents ont été vendues 13 francs à la vente du 2 mars 1874.

C'est la première pensée de l'adresse de la Vve Merlen, gravée par Roger.

Dessin. Première idée (H. 9 c., L. 10 c.). Croquis tout gracieux au crayon noir et à la craie sur papier bleu, appartenant à M. His de la Salle.

————

— 158 —

Carte d'entrée d'un concert ou d'un bal.

Dess. par P. P. Prud'hon.   *Lith. par Bellanger.*

Au-dessus du crayonnage illisible d'un

titre, se voit une tête d'Apollon rayonnante entre une Muse dansant au son des cymbales et une Muse jouant de la lyre; dans le bas, une lyre est posée sur un livre de musique ouvert, au milieu de violons.

Dessin. Première idée d'un projet non exécuté (H. 8 c., L. 10 c.). Ce croquis tout rondissant et nuageux, jeté au crayon noir et à la craie sur papier bleu, fait partie de la collection de M. His de la Salle.

La joueuse de lyre est une réduction de la figure de « la Poésie » pour le transparent de l'Hôtel de Ville à l'occasion du mariage de l'empereur, la danseuse est une réduction de «la Danseuse aux cymbales » pour le surtout offert par la ville de Paris à l'impératrice Marie-Louise.

IMAGES POUR BOITES A DRAGÉES.

— 159 —

VÉNUS ET L'AMOUR.

P. P. P. inv.   B. Roger sculp.

Eau-forte pure inconnue, elle n'existe pas dans l'Œuvre de Roger.

1ᵉʳ État.— *B Roger sc.*, au-dessous de l'ovale au milieu.

2ᵐᵉ État. — Celui décrit. Une épreuve de cet état réunie à une épreuve de Léda se vendaient 15 francs à la vente Alphonse David 1859; — 36 francs à la vente Dromont, 1871.

3ᵐᵉ État. — Avec les noms tels qu'ils sont dans le second état et l'adresse; *A Paris, chez Bance, le jeune, rue Porte-Foin, n° 14 près le Temple.*

———

— 160 —

Léda.

(D'après un bas-relief antique [1].)

B Roger fecit.

Eau-forte pure inconnue, elle n'existe pas dans l'Œuvre de Roger.

1ᵉʳ État. — Au-dessous de l'ovale; *B Roger sc.*

2ᵐᵉ État. Celui décrit.

3ᵐᵉ État. — Avec les noms tels qu'ils sont dans le second état, et l'adresse; *A Paris, chez Bance le jeune, rue Porte-Foin, n° 14, près le Temple.*

1. Dans cette planche Prud'hon n'a fait que donner le dessin en contre-partie d'une pierre gravée. Le seul changement qu'il ait apporté, c'est d'avoir fait ressortir le corps de Léda d'un fonds de paysage et d'avoir baigné dans l'eau ses pieds, qui posent sur un bâton dans la sculpture antique.

Ces deux compositions mythologiques ont
été dessinées par Prud'hon pour recouvrir les
boîtes de dragées du confiseur Berthelemot.
Les dessins ne sont pas connus.

Les adresses de la boutique Merlen et les
couvercles de boîtes à dragées du FIDÈLE
BERGER ont fait travailler l'imagination des
collectionneurs. Ils se sont refusés à croire
que ces quatre petites pièces fussent tout ce
que les crayons de Prud'hon avaient dessiné
de menus objets à l'usage de la vie courante
de nos pères. Fouillant les vieux cartons, avec
le désir irrité de la découverte, désir si naturel
à la race *bricabracante*, bon gré malgré,
ils ont fait du Prud'hon, des gentils petits
croquetons mythologiques dans le genre
Prud'hon. C'est ainsi qu'une feuille anonyme
contenant cinquante-deux petites Vénus et
amours microscopiques, feuille que l'on croit
avoir été dessinée pour servir de modèle à la
gravure de breloques de montres, est attribuée
par des amateurs au Maître. En dépit des
dates qui sont les dates de l'apogée du talent
et de la réputation de Prud'hon, quelques personnes donnent encore à l'illustre dessinateur,

le dessin des entourages des trois alma-
nachs de 1815, 1816, 1818, publiés par
Janet. Il est incontestable que la décoration
de ces petites choses a été inspirée par la
gracieuse restauration mythologique, intro-
duite en France à la fin du siècle par le
Maître, mais pour moi c'est là tout ce qu'il y
a de Prud'hon dans ces compositions, où ne se
retrouve rien des habitudes de son dessin. Et
je crois qu'à moins de découvertes ultérieures,
les amateurs doivent se résigner et s'en tenir
au petit nombre de pièces ici cataloguées.

———

SUJETS DIVERS.

Enseigne de chapelier.

Peinture. Panneau de la toute première jeunesse de Prud'hon.

Cette enseigne, qui était placée à Cluny, au-dessus de la boutique de M. Charton, chapelier rue du Merle, fait partie de la collection de M. Eudoxe Marcille.

Méthode de basse par M. le baron de Joursanvault.

— M. de Joursanvault, père, vêtu d'un habit dont le col est garni de fourrures.

— M. de Joursanvault, fils, vu de profil, les cheveux réunis dans une bourse.

— M. de Joursanvault, fils, la main gauche posée sur les cordes de sa basse.

— M. de Joursanvault, fils, assis, vu de profil, jouant de la basse.

— M. le curé de Joursanvault, vu de face, la main gauche sur les cordes de la basse.

— Main et basse pour indiquer la position de l'avant-bras et de la main pour tenir l'archet.

— Bras et main avec le manche d'une basse pour faire comprendre la position de la main sur les cordes.

— Avant-bras et main entr'ouverte tenant un archet.

— Les doigts d'une main posés sur les cordes d'une basse.

— Un joueur de basse.

Ces dessins à l'encre de Chine sur papier blanc, sont exécutés dans un faire qui rappelle les dessins de Wille fils ou de Schenau.

Les dix dessins, à l'exception du joueur de basse qui appartient à M. Mouilleron, sont la propriété de Mme Teinturier.

———

Serment d'amour.

L'Amour, debout et ailé, tient un cœur

enflammé sur un autel, près duquel une jeune fille agenouillée, reçoit une flèche de sa main; un chien est à ses pieds. Sur le cœur sont entrelacées les deux lettres : *M. F.*

Dessin. Aquarelle du temps des amours du peintre avec Mlle Marie Fauconnier. Elle est signée : *P P Prudhon inv. et del.* et ressemble à l'aquarelle d'un froid lavis d'architecture. Ce dessin (H. 24 c., L. 19 c.) a été payé 310 francs à la vente de M. Pelée 1871, et fait aujourd'hui partie de la collection de M. Marmontel.

Pensée d'amour.

Une jeune fille est assise devant la statue de l'Amour qu'elle implore.

Dessin (H. 28 c., L. 20 c.). Croquis au crayon noir et à la craie sur papier bleu, où le dessin du xviiime siècle transperce encore le dessin de Prud'hon. Ce dessin fait partie de la collection du baron Dejean. Il a été payé 140 francs à la vente de Boisfremont 1864.

— 161 —

L'Amour.

J.-G. (de Goncourt).

Trois petites études de l'Amour cherché dans une pose au repos.

Planche publiée dans l'Art du xvIIIᵉ siècle.

1ᵉʳ État. — Eau-forte pure.

2ᵐᵉ État. — Accentuation des ailes et de la figurine de droite.

Dessin. Croqueton à la plume, tiré de l'album du voyage d'Italie, possédé par M. Eudoxe Marcille.

———

Les attributs de la peinture.

Sur un chevalet, une toile où est ébauchée une Muse ; groupés autour un appui-main, un flacon à essence, une boîte à couleurs entr'ouverte, une palette avec les pinceaux du peintre jaillissant du trou du pouce.

Dessin. Croquis au crayon noir et à la craie sur papier bleu, faisant partie de la collection de

M. Eudoxe Marcille. Ce dessin a été payé 41 francs
à la vente Valferdin 1860.

––––––

Le Modèle.

Femme posant de face debout.

Dessin au crayon noir et à la craie sur papier
gris. Chef-d'œuvre de grâce corrégienne dans l'en-
foncement et la pénombre de la demi-teinte. Ce dessin fait partie de la collection de M. Marmontel.

––––––

La Renommée.

Tête jetée en 1806, avant un dîner, sur un
cerf-volant des enfants de Constantin, le
marchand de tableaux, l'ami de Prud'hon.

Dessin. Cette aquarelle de la plus large facture
appartient à Mme Amédée Constantin.

––––––

— 162 —

DATE OBOLUM PICTURÆ.

Verrier sc.

Reproduit par un procédé en tête du catalogue de l'*Ex-*

position des OEuvres de Prudhon au profit de sa fille. École des Beaux-Arts.

Petite composition, représentant une figure voilée, assise près d'un chevalet, une sébile à la main. C'est, avec la triste suscription, l'en-tête d'une lettre écrite par Prud'hon dans un moment de misère, au ministre de l'intérieur pour lui demander un secours.

Dessin. Croquis à la plume lavé de bistre appartenant à Mlle Claire Duquenne, petite-fille du peintre d'histoire Lordon, voisin de Prud'hon à la Sorbonne, chez lequel avait été écrite la lettre.

———

ÉTUDES.

ÉTUDES D'APRÈS L'ANTIQUE.

Castor et Pollux.

Étude d'après la bosse.

Dessin. L'étude rehaussée était vendue 50 francs, à la vente de Boisfremont 1864.

L'Hermaphrodite.

Étude d'après la statue antique.

Dessin. Ce croquis, à la mine de plomb sur papier blanc, fait partie de la collection de M. Maherault.

La Vénus de Médicis.

Dessin. Le croquis, au crayon noir et à la craie sur papier bleu, fait partie de la collection de M. Eudoxe Marcille.

_____

Un Lion.

(D'après une sculpture antique.)

Dessin. Le croquis, à la plume sur papier blanc, fait partie de la collection de M. Eudoxe Marcille.

_____

Étude d'aigle.

Dessin. Le croquis, au crayon noir et à la craie, appartient à M. Maherault.

_____

L'Amour et l'Hymen.

(D'après l'antique.)

Dessin. Ce croquis, au crayon noir et à la craie sur papier bleu, fait partie de la collection de M. Gigoux.

_____

Croquis d'après l'antique.

Quatre petits dessins vendus 33 francs à la vente Laperlier en 1867.

———

Cinq figures d'hommes d'après l'antique.

Dessins. Ces cinq croquis à la plume, sur la même feuille, ont été vendus 31 francs à la vente Laperlier 1867.

———

Lysimaque.
(D'après une médaille antique.)

Dessin. Le croquis, à la mine de plomb sur papier blanc, fait partie de la collection de M. Maherault.

———

Vénus et l'Amour.

Dessin. Croquis d'après le Corrége, à la mine de plomb et à la plume sur papier blanc, appartenant à M. Burty.

Ce dessin a été retiré par M. Devéria de l'Album d'Italie que possèdent les frères Marcille, pour se payer de l'argent qui lui était dû.

———

TRAVAUX DE POINTILLÉ ET DE TAILLE A LA PLUME EN IMITATION DE LA GRAVURE.

Prud'hon a laissé, sur nombre de feuilles volantes, des essais à la plume, dans lesquels il s'efforçait d'obtenir sur le papier les tailles et le pointillé de la gravure. Il semble qu'il y ait eu longtemps chez lui la volonté d'être le graveur, l'interprète suave et doux de ses compositions. Plus tard, sans doute, il abandonne cette idée, mais sans discontinuer ses essais, ses tentatives ; et les dessins qu'il fait alors, lui servent à mettre entre les mains des graveurs, des modèles, des exemples pour ainsi dire de *taille-douce,* qui leur indiquent le travail avec lequel ils doivent attaquer tel ou tel morceau, et les mettent à même de facilement traduire le nu voluptueux du Maître. Quant à moi, je serais tout disposé à croire que le pointillé de Copia et de Roger n'est point un pointillé spontané chez eux et qui leur soit parfaitement personnel, mais un pointillé qui leur a été appris, tant par les croquis fragmentaires que par ces grands dessins tels que LE CRUEL RIT DES LARMES QU'IL FAIT VERSER : des dessins dont le burinage de la gravure est d'avance fait sur le papier. Les témoignages des contemporains nous présentent en effet Prud'hon comme très-préoccupé, comme très-soucieux, comme très *metteur de la main à la pâte* dans tout ce qu'on grave d'après lui, et une confidence du vieux Dromond à Renouvier, nous le montre même retouchant avec les outils du graveur : — le burin et la pointe, — les épreuves d'essai gravées par Copia et Roger.

Voici quelques-uns de ces dessins *jouant la gravure,* auxquels le souvenir du lecteur ne doit pas oublier de joindre le dessin de l'*Enlèvement d'Europe* et du portrait-charge de la Reveillère, qui font partie de la collection de M. Eudoxe Marcille.

———

Une tête de satyre.

Dessin. Petit dessin pointillé à la plume sur papier blanc, en manière de gravure.

Ce dessin fait partie de la collection de M. Marmontel.

———

Une Muse.

Femme nue en pied.

Dessin. Dessin à la plume avec quelques touches de sépia, dessin imitant la gravure. Il fait partie de la collection de M. Alexandre Dumas.

———

Femme drapée.

Elle est assise et tournée à droite.

Dessin. Dessin à la plume sur papier blanc imitant la gravure. Ce dessin, non terminé, appartient à M. Camille Marcille.

———

Cinq petites figures d'hommes.

Dessin. Croquis à la plume sur papier blanc, travail de gravure. Ce dessin fait partie de la collection de M. Eudoxe Marcille.

———

Tête de jeune fille.

Dessin. Dessin à la plume, travail de pointillé. Ce dessin fait partie de la collection de M. Eudoxe Marcille.

ÉTUDES D'ENFANTS NUS.

— 163 —

L'ATTENTION.

P.-P. Prudhon del'. *Bourgeois, sculp'.*

A Paris, chez Chaise jeune, M^d d'estampes.

Jeune garçon nu, de face. Il est agenouillé, un genou à terre, les mains croisées autour de l'autre. Un petit bonnet est jeté, au haut de la tête, sur les boucles de ses cheveux.

1er État. — Avant toutes lettres.
2me État. — Celui décrit.

Il y a des épreuves tirées en couleur chair sur fond bleuté.

— 164 —

LA LECTURE.

P.-P. Prudhon del¹.   *Bourgeois, sculp¹.*

A Paris, chez Chaise jeune, Mᵈ d'estampes.

Jeune garçon nu, tourné à gauche. Il est assis sur une pierre, lisant dans un livre posé sur ses genoux.

1ᵉʳ État. — Avant toutes lettres.
2ᵐᵉ État. — Celui décrit.
Il y a des épreuves tirées en couleur.

— 165 —

LE DESSINATEUR.

Dessiné par P.-P. Prudon et Gravé par Noël.

5 Septembre 1804.

A Paris, chez Bance, rue Saint-Denis, 175.

1ᵉʳ État. — Avant toutes lettres.
2ᵐᵉ État. — Celui décrit.
Il y a des épreuves tirées en couleur.

— 166 —

LE MODÈLE.

Dessiné par P.-P. Prudon et Gravé par Noël.

A Paris, chez Bance, rue Saint-Denis, 175.

Petite fille nue, coiffée d'un bonnet blanc, assise sur un tabouret, la tête appuyée sur la main droite.

1er État. — Avant toutes lettres.
2me État. — Celui décrit.
Il y a des épreuves tirées en couleur.

Dessin. L'étude (H. 36 c., L. 29 c.); au crayon noir et blanc sur papier bleu verdâtre, signée *Prud'hon*, faisait partie de la collection de M. Camille Marcille. Le dessin vient d'être acheté 365 francs par M. Scheurer Kestner à la vente du 6 mars 1876.

TÊTES D'EXPRESSION.

— 167 —

L'Ignorance.

Estampe sans nom de dessinateur ni de graveur.

Tête de femme, vue de face, la bouche entr'ouverte par un sourire niais. Elle a un bandeau sur les yeux, et ses cheveux, semblables aux serpents d'une tête de Gorgone, s'enroulent échevelés autour de sa figure.

Cette tête d'expression, grandeur nature, jouant le fac-simile d'un dessin, est d'un faire à la fois plus brutal et plus magistral que les têtes gravées par Prud'hon fils, et les autres interprètes du Maître. Je ne l'ai rencontrée que dans la collection de M. Laperlier, et j'ignore si elle a été publiée avec un titre.

— 168 —

ÉTUDE.

D'après le tableau original de Prud'hon, représentant l'Amour et l'Amitié. Gravé par Roger.

A Paris, chez Noël, graveur et marchand d'estampes, rue Saint-Jacques, 16, au pont des Arts.

Tête de profil, tournée à droite, les cheveux relevés et noués sur le sommet de la
tête par une couronne de fleurettes.

Cette tête porte le n° 2.
1er État. — Avant toutes lettres.
2me État. — Celui décrit.

— 168 *bis* —

Même tête, avec le titre : L'Amour.

Prud'hon del.   *C. Bellanger lith.*

*Étude pour le tableau de l'Amour et de l'Amitié, tirée de la
Con His de la Salle.*

Lithographie sur papier bleu, avec rehauts, reproduisant
la tête gravée par de Roger.

Dessin. L'étude, très-faite au crayon noir et à la
craie, sur papier bleu, faisait partie de la collection
de M. His de la Salle.

— 169 —

TÊTE DE JEUNE HOMME.

*Première étude gravée d'après le dessin original
de P.-P. Prud'hon, par J.-P. fils.*

*A Paris, chez Depeuille, rue des Mathurins-Sorbonne, aux
2 pilastres d'or.*

Déposé à la Bibliothèque nationale, l'an 9.

Tête de jeune homme un peu abaissée et
tournée de trois quarts à droite ; il porte les
longs cheveux que l'on voit dans les tableaux
italiens du XVIe siècle.

Cette tête porte le n° 3.

1er État. — Avant toutes lettres.

2me État. — Celui décrit.

Il y a des épreuves tirées en rouge qui portent l'adresse :
A Paris, chez Roger, graveur, place Dauphine, 27.

————

— 170 —

TETE DE FEMME.

Dessiné par Prud'hon.   Gravé par Cazenave.

A Paris, chez Jean, rue Jean-de-Beauvais, 32.

Tête de femme un peu abaissée, vue de
trois quarts ; elle a les cheveux noués au-dessus du front par un nœud de rubans.

Cette tête porte le n° 4.

1er État. — Avant la lettre.

2me État. — Celui décrit.

— 171 —

L'INNOCENCE.

Dessiné par Prudon.   *Gravé par Prudon fils.*

  A Paris, chez Jean.

  Tête de femme de trois quarts, tournée à gauche avec le regard à droite. Elle a une bandelette dans les cheveux rejetés au-dessus de l'oreille.

Cette tête porte le n° 8.

1er État ?

2me État. — Celui décrit.

— 172 —

TÊTE D'ÉTUDE.

Dessiné par Prudhon.   *Gravé par Fauchet.*

  A Paris, chez Jean.

Tête de femme levée en l'air, les cheveux

entourés d'une bandelette; elle est tournée
à droite.

Cette tête porte le n° 9.
1er État?
2me État. — Celui décrit.

———

— 173 —

L'ENFANCE.

Gravé d'après le dessin Original de P.-P. Prudhon, peintre,
par Roger.

Déposé à la Bibliothèque dans le mois de vendémiaire an II.
Chez Prudhon.

Tête de jeune garçon aux longs cheveux
lui couvrant le front. Il est de profil tourné
à droite.

Cette tête porte le n° 10.
1er État. — Avant toutes lettres.
2me État. — Celui décrit.
3me État. — A Paris, chez Jean, rue de Beauvais [1].

1. Il est très-probable que pour toutes ces têtes d'expression il y un a premier état avant la lettre, et que l'adresse de
Jean est un troisième état.

— 174 —

Étude.

Dessiné par Prudon père.   *Gravé par Prudon fils.*

A Paris, chez Jean.

Tête de femme, la tête soulevée à gauche, les cheveux nattés et divisés par une bandelette qui en fait trois fois le tour.

Cette tête porte également le n° 10.

———

— 175 —

MINERVE.

Dessiné et gravé par Prudon fils, d'après le tableau peint par son Père.

A Paris, chez Jean de Beauvais.

Tête de la Minerve casquée, elle est de profil tournée à droite.

Cette tête porte le n° 11.

———

— 176 —

Dessiné par Roger, d'après le tableau de M. Prudon.

A Paris, chez Jean.

Tête d'homme à barbe, vue de face et coiffée d'un bonnet phrygien.

Cette tête porte le n° 14.

— 177 —

CÉRÈS.

Gravé d'après le dessin original de Prud'hon,
publié en germinal, an 8.

A Paris, chez Girard, graveur, rue Bonconseille, 19.

Imitation de crayon.

C'est la tête en contre-partie de la VENGEANCE DE CÉRÈS.

Elle a été lithographiée en plus petit par Legrand, pour l'*Album des Jeunes Artistes,* n° 21, publié par Blaisot.

Dessin. Le dessin au crayon noir sur papier bleu, dessin fini pour servir de modèle à la gravure, fait partie de la collection de M. Eudoxe Marcille.

— 178 —

AGE MUR.

Gravé d'après le Dessin Original de P.-P.Prud'hon, peintre, par Roger.

A Paris, chez Prudhom, au Musée des artistes, ci-devant Sorbonne.

1ᵉʳ État. — Avant toutes lettres.
2ᵐᵉ État. — Celui décrit.
3ᵐᵉ État. — Sans inscription et avec : *Dessiné d'après le tableau de M. Prudhom, terminé par Cazenave.*

— 179 —

LA COQUETTE ESPAGNOLE.

Prudom père del.   *Prudom fils sculp.*

A Paris, chez Danlos, quai Malaquais, 1.

Tête de femme, au regard amoureux dirigé à gauche ; elle a la tête et les épaules enveloppées d'une gaze qui découvre un sein.

1ᵉʳ État. — Avant toutes lettres. Une épreuve de cet état a été vendue 15 francs, à la seconde vente de Leblond, 1869.

Il doit y avoir des états intermédiaires entre l'avant la lettre et l'état publié chez Danlos.

Une copie a été lithographiée en fac-simile par Aubry Lecomte, 1872. Elle a pour titre : LA VOLUPTÉ.

Le dessin à la craie et au crayon noir sur papier bleu de « la Volupté » se vendait 55 francs dans un lot avec quatre autres études à la vente Bruun Neergaard 1812.

Un dessin assez médiocre de la même tête a été exposé aux Beaux-Arts par M. Firmin Didot.

— 180 —

LE DÉSIR.

Gravé d'après le Dessin Original de P.-P. Prudhon, peintre.
Noel sculp.

A Paris, chez Prudhon fils.

Tête de femme de profil, tournée à gauche, la chevelure enveloppée d'un voile qui descend le long de sa tempe.

1er État. — Celui décrit.
2me État. — Avec l'adresse : *A Paris, chez Jean,* rue Jean-de-Beauvais.

— 181 —

LE DÉSIR.

P.-P. Prud'hon del.   A. Noel sculpt.
Gravé d'après le Dessin Original de P.-P. Prud'hon.

Publié à Paris, en brimaire, an Treize.
Se vend à Paris chez Noël.

Dans un 2me État l'adresse est chez Bance.

Tête de femme, vue de trois quarts, un voile flottant dans ses cheveux. Les épaules sortent nues de l'ouverture d'une tunique.

Tête différente et plus petite que le n° 180.

— 182 —

Tête de femme.

Sans nom de graveur et de dessinateur.

Elle est vue de profil, tournée à droite ; elle est coiffée à la grecque.

Le 2me État porte : *Étude d'après Prudhon.*

— 183 —

Tête de femme.

Sans nom de peintre ni de graveur.

Profil, grandeur nature, tourné à gauche. La tête est coiffée d'un voile et de bandelettes dont l'une passant sur le front laisse échapper une mèche qui met comme une flamme au front.

Cette tête porte le n° 25.

Cette estampe doit exister avec une inscription et les noms du peintre et du graveur.

———

— 184 —

ÉTUDE D'APRÈS PRUDHON.

Sans nom de peintre ni de graveur.

Petite tête de femme de profil, tournée et baissée à droite, tête au chignon enfermé dans une bande, venant se nouer au-dessus du front, et d'où s'échappent quelques frisons.

———

— 185 —

VIRGINIE.

Sans nom d'auteur et de lithographe.

Buste tourné à gauche.

———

— 186 —

Tête de femme.

Profil de la mère d'UNE FAMILLE MALHEU-REUSE.

Cette estampe en fac-simile de crayon, où le haut de la tête, grandeur nature, n'est point terminé, est très-rare. Je ne sais pas s'il existe une épreuve de cette estampe portant un titre, un nom de lithographe, une adresse.

———

— 186 bis —

TÊTES.
Têtes tirées de la « Famille malheureuse ».

Jozan del. d'après le dessin original de feu M. Prudhon.
Imp. lithog. de Prieur, etc.

Paris, chez Brunel.

Cette lithographie, tirée sur papier bleu et sur papier blanc, donne la tête du mourant et de sa femme.

———

Tête de femme.

Elle est vue de trois quarts, la tête renversée, les yeux levés au ciel.

Dessin. Suave étude au crayon noir et à la craie sur papier gris verdâtre, appartenant à M. Edmond Duquenne.

Tête de femme voilée.

Contre-épreuve au crayon noir et à la sanguine brune d'une tête du plus grand style. Cette contre-épreuve fait partie de la collection de M. Eudoxe Marcille.

Tête d'enfant.

Il est de trois quarts tourné à gauche, un bras levé.

Dessin grandeur nature. Ce dessin, très-terminé et estompé au crayon noir et à la craie sur papier bleu, fait partie de la collection de M. Eudoxe Marcille.

ACADÉMIES.

On comprendra que je n'ai pas l'intention de cataloguer toutes les académies des ventes Laperlier et Boisfremont, toutes les académies qui se trouvent dans les cartons des frères Marcille, toutes les innombrables études de corps nus dessinés par le Maître moderne du nu ; je ne veux citer que les académies les plus importantes, les plus savantes, les plus charmeresses.

N'est-il pas cependant utile d'apprendre aux amateurs que le musée de Dijon possède, soit dans ses cartons, soit exposées, 28 académies du Maître d'après le modèle vivant ? Sept de ces académies, selon une communication du conservateur du musée de Dijon, seraient fort inférieures et sembleraient appartenir à la jeunesse du peintre. Mais les autres, d'une qualité tout à fait magistrale, laisseraient apparaître déjà dans l'étude de la nature, le caractère de têtes prudhonien. Deux de ces académies, un Bacchus jeune et un Mercure sont de la plus grande beauté..

— 187 —

La Pudeur.

Dessiné par Prudhon.   *Lith. par Bellanger.*

Fac-similé d'un dessin de la collection de M. His de la Salle.

Petite académie de femme au bord d'une source.

Dessin. L'Étude au crayon noir et à la craie sur papier bleu, appartient à M. Bonnat. Elle lui a été donnée par M. His de la Salle, qui l'avait payée 180 francs à la vente de Boisfremont 1864.

— 188 —

Étude.

Gravé d'après un croquis de Prudhon,
par P. L. Deb^t (Debucourt).

Petite eau-forte imprimée en bistre.

Une femme nue, coiffée en papillotes, est représentée à mi-corps, une joue appuyée sur sa main gauche.

— 189 —

Académie de femme.

J. Carot d'après Prud'hon.

Femme nue, vue jusqu'aux genoux, les mains croisées sur une corde.

———

— 190 —

MARGUERITE.

Dessiné par Prudhon.   *Lith. par Aubry-Lecomte 1849.*

Fragment d'académie d'après le modèle d'habitude de Prud'hon.

Marguerite est représentée la tête baissée, l'épaule droite et les seins remontés, le bras droit tombant. En style d'atelier, c'est le type du corps ingénu.

Dessin. L'Étude au crayon noir et à la craie sur papier bleu appartient à M. Henriquel-Dupont. Elle a appartenu précédemment à M. His de la Salle.

———

— 191 —

Marguerite.

Sans nom de dessinateur ni de graveur.

Elle est représentée de face, assise, la tête penchée à gauche et posant sur un bras dont le coude est appuyé sur sa cuisse nue.

Cette pièce, de la plus extrême rareté, et que je n'ai rencontrée que chez M. Maherault, est une académie faite d'après Marguerite, très-reconnaissable au galbe de son corps, à sa coiffure *dépapillotée*. Cette estampe qui mesure, pour le corps assis, une hauteur de 56 centimètres, fut, sans aucun doute, l'essai tenté d'une série de grandes académies dont le projet fut abandonné avant que la lettre fût mise à la première.

Académie de Marguerite.

Le modèle de Prud'hon est représenté à mi-corps, les deux mains appuyées sur une table à modèle placée à sa gauche. Sa tête abaissée est encadrée de longues papillotes dépeignées.

Le dessin (H. 17 c.; L. 18 c.), très-terminé au

crayon noir et à la craie, fait partie de la nouvelle collection formée à Mustapha-Supérieur par M. La-perlier.

— 192 —

LA CANDEUR.

P. Prudhon pinx.   *Lith. Prodhomme et Cie.*

Il y a des épreuves avant la lettre.

Buste de femme nue, la tête tournée à gauche et un peu appuyée sur l'épaule. Elle est coiffée de trois rangs de bandelettes d'où s'échappent, le long de sa figure, des tortils de cheveux dépeignés.

Étude de femme nue.

Elle est debout, la main droite appuyée sur un tertre ; à sa gauche sont deux enfants.

Dessin. Croquis très-nuageux, très-légèrement indiqué au crayon noir et à la craie. Il appartient à M. Clément.

Académie de femme.

Elle est assise, vue de profil, les mains croisées sur la poitrine, la jambe gauche un peu relevée.

Dessin. Superbe étude au crayon noir et à la craie sur papier bleu, appartenant à M. Bonnet de Malherbe.

Académie de femme.

Femme assise, dont le bras levé lui cache une partie de la tête.

Dessin. L'Étude, au crayon noir et à la craie, sur papier bleu, fait partie de la collection de Mme la baronne de la Tournelle.

Académie de femme.

Elle est assise ; son bras gauche levé en l'air lui cache une partie de la tête.

Dessin. Étude peu avancée au crayon noir et à

la craie, sur papier bleu, faisant partie de la collection de M. Eudoxe Marcille.

Académie de femme.

Elle est debout, portant la main droite à sa tête, tenant un bâton de la main gauche.

Dessin. Une des plus belles études académiques de Prud'hon. Ce dessin au crayon noir et à la craie appartient à M. Rouart.

Académie de femme.

Elle est assise, tenant de ses deux mains une corde, la jambe gauche un peu pliée.

Dessin. Très-belle étude au crayon noir et à la craie sur papier bleu, faisant partie de la collection de M. Gariel.

Académie de femme.

Elle est accoudée, la tête renversée, un bras levé.

Dessin. Franche étude au crayon noir et à la craie sur papier bleu, faisant partie de la collection de M. le baron Dejean.

———

Études d'homme et de femme.

Dessins qui sont deux charmants nuages fusinés éclairés de rondeurs rayées de craie. Ces dessins sur papier bleu font partie de la collection de M. Eudoxe Marcille.

———

Académie d'homme.

Il est représenté de profil, tourné à droite, le pied appuyé sur un escabeau. Modèle barbu souvent employé par Prud'hon dans ses compositions.

Peinture (H. 80 c., L. 65 c.) appartenant à M. Laperlier qui l'a conquise, moyennant 10 francs, dans un bazar qui se tenait autrefois rue Richelieu sous l'hôtel d'Orléans. Les académies, dessinées par le Maître, sont très-nombreuses ; les académies peintes, de la plus grande rareté.

———

Académie de Léna.

Léna, le modèle d'homme habituel à Prud'hon, est représenté agenouillé sur le genou gauche, les deux mains abaissées.

Dessin au crayon noir et à la craie, faisant partie de la collection de M. Charles Bellanger.

Académie d'homme.

Il est représenté debout.

Dessin. L'Étude, terminée à la plume et à la sépia, est dans la collection de M. Alfred Sensier.

Académie d'homme.

Il est assis, tenant un bâton de la main droite levée à la hauteur de sa tête.

Dessin qui est un bel échantillon des préparations du peintre, avec ses croisements, ses ressentiments de crayon noir dans les creux et dans les rentrées, avec son ligné de craie sur les rondeurs. Ce dessin au crayon noir et à la craie fait partie de

la collection de M. Camille Marcille. Ce dessin a
été vendu à la vente du 6 mars 1876.

———

Académie d'homme.

Il est couché, une main posée sur le
genou de la jambe droite.

Dessin encore flottant dans ce premier travail de
crayon noir et de craie, avec lequel Prud'hon mo-
delait son corps avant de l'enfermer dans des lignes
rigoureuses. Ce dessin, au crayon noir et à la craie sur
papier bleu, fait partie de la collection de M. Eudoxe
Marcille.

———

Académie de jeune homme.

Il est debout, la tête renversée, le bras
gauche accoudé.

Dessin. Croquis rondement charbonné au premier coup. Ce dessin, au crayon et à la craie sur
papier bleu, fait partie de la collection du baron
Dejean.

———

Académie d'homme
pour une figure du Rhin.

Dessin du faire le plus beau et le plus terminé. Ce dessin au crayon noir et à la craie sur papier bleu, fait partie de la collection de M. Charles Bellanger.

Académie d'homme.

Il est debout, les deux bras derrière le dos.

Dessin. L'étude au crayon noir et à la craie sur papier bleu, fait partie de la collection de M. Dieterle.

Académie de jeune homme.

Il est assis, tenant de la main droite un bâton.

Dessin. L'étude au crayon noir et à la craie, appartient à M. Louis Viardot.

Académie d'homme.

Jeune homme assis, la main droite appuyée

sur un tabouret à modèle, la main gauche reposant sur le genou.

Dessin. L'étude au crayon noir et à la craie sur papier bleu, fait partie de la collection de M. Eudoxe Marcille.

_____

Académies d'hommes.

Au recto. Homme assis, la main droite et le coude appuyés sur une de ses jambes repliée.

Au verso. Homme debout, la jambe droite repliée, les deux bras en avant.

Dessin. Les deux études au crayon noir et à la craie sur papier bleu, font partie de la collection de M. Mène.

_____

Études de têtes, de bras, de pieds, de mains et d'un torse de femme couchée.

Dessins. Les études au crayon noir et à la craie sur papier bleu, font partie de la collection de M. Camille Marcille. Ces études se vendaient 25 francs à la vente du 6 mars 1876[1].

1. A cette même vente se vendaient : — Une étude d'une tête, d'un bras, d'une jambe, d'une main, 30 francs; — Une

PAYSAGES.

Paysage.

Une étude d'arbres d'après nature à Fontaine-
bleau, était achetée 15 francs par Paillet, parmi les
dessins encadrés de la vente Prud'hon 1823.

Paysage.

Dessous de bois.

Le dessin au crayon noir et à la craie sur papier
bleu, appartient à Mme la baronne de la Tournelle.

Paysage.

Site italien avec fabriques et cascade.

Le dessin au crayon noir et à la craie sur papier

académie de jeune homme tenant un bâton à la main droite,
71 francs; — Une académie de vieillard tenant un bâton de la
main gauche, 22 francs; — Une académie de femme, la main
droite appuyée sur un tabouret à modèle, 200 francs; — Une
académie d'homme, les bras levés tenant une corde, 100 francs.

bleu, faisait partie de la collection de M. Camille Marcille. Il vient d'être acheté 305 francs par M. Belier à la vente du 6 mars 1876.

Paysages.

Deux études faites dans le bois de Verrières, en 1819.

Les deux dessins au crayon noir et à la craie sur papier jaune, font partie de la collection de M. Eudoxe Marcille.

Paysage.

Le dessin au crayon noir et à la craie sur papier verdâtre, faisait partie de la collection de M. Camille Marcille.

Paysage.

Étude d'arbres.

Le dessin au crayon noir et à la craie, fait partie de la collection de M. Maherault.

Paysage.

Lisière d'un bois.

Dessin rehaussé payé 505 francs par le baron Clary, à la vente de Boisfremont 1864.

PART DE PRUD'HON

DANS L'ŒUVRE DE Mlle MAYER.

UNE MÈRE ET SES ENFANTS AU TOMBEAU
DE LEUR PÈRE.

(Tableau de Mlle Mayer, exposé au Salon de 1804.)

Dessin. Le croquis rehaussé de cette composition, était acheté 22 francs par M. Marjolin, à la vente Boisfremont, 1864.

L'INNOCENCE PRÉFÈRE L'AMOUR
A LA RICHESSE.

(Tableau de Mlle Mayer, exposé au Salon de 1804.)

Peinture. Jolie esquisse (H. 34 c., L. 27 c.) faisant partie de la collection de M. Camille Marcille. Cette esquisse, qui passait avant 1839 dans une vente faite par l'expert Henri, était achetée 110 francs par M. Marcille père.

C'est, je crois, le premier tableau acheté par le futur collectionneur du Maître. Ce tableau, payé 110 francs, vient de se vendre 8,000 francs à la vente du 6 mars 1876.

Dessins. Le dessin au crayon noir et à la craie sur papier bleu, dessin très-terminé et signé : *Prud'hon*, était vendu 3,600 francs à la vente Laperlier en 1867. M. Laperlier l'avait acquis d'un marchand, moyennant la somme de 3,000 francs.

— Un autre dessin très-terminé de la composition était acheté par le baron Dejean, à la vente de Boisfremont 1870.

— Un autre dessin complet de la composition était acheté 425 francs par M. Tixier, à la vente de Boisfremont 1864.

— Une étude rehaussée de l'Amour, figure entière, était achetée par M. Taigny 360 francs, à la vente Boisfremont 1864.

— Une étude au pastel de l'Amour, figure entière, était vendue 215 francs à la même vente. Ce pastel, exposé aux Beaux-Arts et ayant le caractère d'une fresque de Pompéi, fait partie de la collection de M. Dieterle. N'est-ce point le pastel acheté 40 francs par Fontalard sous le n° 39 à la vente de Prud'hon 1823 ?

— Il existe encore une autre étude au pastel de cette figure de l'Amour, possédée par M. Camille Marcille.

Ce pastel (H. 60 c., L. 47 c.), appartenant au marquis Maison, a été vendu 300 francs à M. Marcille père, par l'entremise de Susse. Il vient d'être racheté 4,500 francs par M. Eudoxe Marcille, à la vente du 6 mars 1876.

—L'étude rehaussée de la Richesse, figure entière, était achetée 80 francs par Van Cuyck, à la vente Boisfremont 1864.

— L'étude de la tête de la Richesse, pastel grandeur nature (H. 0^{m},550, L. 0^{m},400), est exposée au Louvre sous le n° 1236. Cette tête a été achetée 50 francs, à la vente Bruzard en 1839.

— L'étude rehaussée d'un bras de l'Innocence, était achetée 64 francs par M. Jourdain, à la vente Boisfremont 1864.

LE RÈVE DU BONHEUR.

(Tableau de Mlle Mayer, exposé au Salon de 1806.)

Peinture. L'esquisse (H. 24 c., L. 32 c.) a été vendue 230 francs, à la vente de Bois-fremont 1864. Elle fait partie aujourd'hui du Musée de Lille.

Dessins. Première idée. Croquis à la craie et au crayon noir sur papier bleu de la composition avec variantes, vendu à la même vente 410 francs. Ce croquis appartient à M. Lallemand.

— Croquis rehaussé d'une autre composition du même sujet, vendu à la même vente 161 francs.

— Croquis rehaussé des trois figures de la mère, de l'enfant, du jeune homme, acheté à la même vente par M. Didier 42 francs.

— Étude rehaussée de la figure de la mère, achetée à la même vente par M. Taigny 330 francs.

— Étude rehaussée de la figure du jeune homme, achetée à la même vente 350 francs.

— Autre étude rehaussée de la tête du jeune homme, achetée à la même vente 75 francs, par M. Marcellot.

—Étude rehaussée de la tête de la mère, achetée à la même vente par M. Quantinet 300 francs. Est-ce la tête de femme exposée à l'École des Beaux—Arts par Mme Jacob Desmalters ?

— Étude de la tête de l'enfant endormi, achetée 260 francs par M. Marmontel à la même vente.

— Étude rehaussée du bras de la jeune mère vendue 27 francs à la même vente.

Le sommeil de Psyché.

(Tableau de Mlle Mayer, exposé au Salon de 1806.)

Le tableau, commandé par l'impératrice Joséphine, et très-retouché par Prud'hon, s'est vendu 800 francs à la vente de la collection de la Malmaison, et est devenu la propriété de M. Dubois. Il serait tombé plus tard entre les mains du marchand de tableaux de Duclos ; et des amateurs assurent qu'il portait dans le principe la signature de Mlle Mayer, signature qu'il ne portait plus le jour où il est entré dans la collection de M. Richard Wallace.

Peintures. L'esquisse[1] a passé de la collection du marquis Maison dans la collection du duc d'Aumale.

Une seconde esquisse de la figure de « Psyché et de l'Amour endormi » (H. 54 c., L. 92 c.) a été achetée 2,600 francs par M. Rouard à la vente de Boisfremont 1864.

Une troisième esquisse, dont la toile n'a pas été entièrement recouverte, mais d'une jolie coloration rose et verdâtre, a été exposée à l'École des Beaux-Arts. Cette esquisse appartient à Mme Hebert.

Dessins. Un dessin d'ensemble de la composition

1. Elle a été lithographiée, sous le nom du RÊVE, par Eugène Leroux, et gravée par Flameng, dans la *Gazette des Beaux-Arts,* sous le titre : LE RÉVEIL. Cette planche serait la cent-quatre-vingt-quinzième estampe gravée d'après les compositions de Prud'hon.

a été acheté 1,000 francs par M. Galichon, à la vente de Boisfremont 1864.

— Fragment. L'Étude rehaussée de la main de Psyché s'est vendue à la même vente 39 francs.

Le Flambeau de Vénus.

(Tableau de Mlle Mayer, exposé au Salon de 1808.)

Vénus à son reveil, invite les Amours à s'allumer à son flambeau.

L'esquisse[1] fait partie de la collection du duc d'Aumale.

Dessin. Le dessin rehaussé se vendait 700 francs à la vente Boisfremont en 1870.

La Mère malheureuse.

(Tableau de Mlle Mayer, exposé au Salon de 1812.)

Peinture. Une esquisse, où l'on sentait la main de Prud'hon, a été vendue 421 francs à la vente Saint, 1846.

1. L'esquisse a été gravée, dans la *Gazette des Beaux-Arts*, par Flameng, sous le titre : LE SOMMEIL. Elle serait la cent-quatre-vingt-seizième estampe gravée d'après les compositions de Prud'hon.

Dessin. Le croquis rehaussé de cette composition était vendu 51 francs, à la vente Boisfremont
1864.

La Mère heureuse.

(Tableau de Mlle Mayer, exposé au Salon de 1812.)

Peintures. Une esquisse de cette composition a été vendue 3,150 francs à la vente
Saint, 1846. Elle a été achetée par lord Hertfort.

Une autre petite esquisse fait partie de la
collection de M. Moisson.

Dessins. Le dessin rehaussé de la composition
était vendu 175 francs à la vente Boisfremont 1864.

— Un autre dessin de la composition, estompé
au crayon noir avec rehauts de blanc sur papier bleu,
a été acheté en 1872 par le Louvre au fils du peintre
M. Hippolyte Prud'hon. Il a été payé, avec le dessin
de Louis XVI recevant une députation du Parlement,
3,500 francs.

— L'Étude rehaussée de la tête de la mère, était
achetée 396 francs par M. Didier à la même vente.
Cette étude appartient aujourd'hui à Mlle Denain.

Naïade lutinée par les Amours.

(Tableau de Mlle Mayer, exposé au Salon de 1812.)

Peintures. Le tableau fini, le tableau exposé par Mlle Mayer a été si amoureusement repris et retouché par les pinceaux de Prud'hon, qu'il a été payé 6,800 francs, par M. Cordier, à la vente Boisfremont 1870.

L'esquisse (H. 27 c., L. 22 c.), une des plus lumineuses peintures de Prud'hon, où les épaules de la femme, dans un coup de jour, ont la blondeur chaude, le laiteux doré des Maîtres de la chair, fut achetée 1,600 francs par M. Baroilhet.

Elle est aujourd'hui en la possession de M. Alfred Sensier.

Dessins. Un grand dessin au crayon noir et à la craie sur papier bleu de la composition, était vendu 1,040 francs à la même vente. Je crois qu'il fait partie aujourd'hui de la collection Denière.

— Un croquis rehaussé de la composition était acheté 210 francs par M. Bazoin, à la même vente.

— Un autre croquis de la composition était acheté 210 francs par M. P. Périer, à la même vente.

— Une étude terminée de la « Naïade », l'une des académies les plus admirables du Maître, était achetée 220 francs par le docteur Malherbe.

— Deux croquis pour la figure de la « Naïade » étaient vendus 25 francs, à la même vente.

— Deux études rehaussées de différents groupes d'amours étaient achetées 625 francs, à la même vente, par M. Gariel qui les a exposées à l'École des Beaux-Arts.

— Un autre croquis d'un groupe d'amours, joint à une étude de tête d'amour, était vendu à la même vente 54 francs.

FIN.

ADDITIONS ET ERRATA

EAUX-FORTES ET LITHOGRAPHIES
DE LA MAIN DU MAITRE.

D'UNE LECTURE (n° 7 du catalogue) de la composition à mi-corps de la femme assise et retournée vers une colombe, M. de Boisfremont a fait, dans une grande lithographie, une répétition en pied, où la liseuse, avec le même mouvement de tête, est allongée sur une chaise longue dans le style de l'Empire. Au fond une baie, sur le rebord de laquelle est posé un vase de fleurs, s'ouvre sur la vue d'un parc.

Parmi les reproductions gravées d'UNE FAMILLE MALHEUREUSE (n° 9), il est une petite vignette curieuse par l'introduction, dans le fond de la mansarde, de la Vierge et de l'enfant Jésus.

Ainsi arrangée, la composition de Prud'hon est devenue une image de piété de la paroisse Saint-Laurent, une illustration pour l'*Association de prières et de bonnes œuvres pour le soulagement spirituel et corporel des malades.* Elle est dessinée par l'abbé Lambert, auteur du *Catéchisme illustré,* et gravée par Rouergue.

L'épreuve lithographiée par Prud'hon de son portrait de Mme Jarre (n° 10), et possédée par M. Eudoxe Marcille, n'est point unique. Une seconde épreuve non cataloguée vient de se vendre 11 francs à une vente de Vignères du 11 mai 1876. Une autre épreuve réunie dans un lot de la même vente n'aurait même atteint que l'enchère de 14 fr. 50.

PORTRAITS.

Le portrait peint de la duchesse de Polignac (p. 21), de la collection Camille Marcille (H. 92 c., L. 73 c.), portrait que j'ai toujours regardé comme douteux, a été acheté par M. Galibert 920 francs à la vente du 6 mars 1876.

Le portrait peint de Mme Bornier (p. 26), de la collection de M. Camille Marcille, a été acheté 4,100 francs par Mme Kestner, à la vente du 6 mars 1876.

L'esquisse de l'impératrice Joséphine, appartenant à M. Sensier (n° 13), mesure : H. 11 c., L. 14 c.

Le dessin de l'impératrice Joséphine, représentée les jambes allongées à gauche, appartenant à M. Sensier (n° 13), mesure : H. 21 c., L. 24 c.

La petite esquisse (H., 11 c., L. 14 c.) du Roi de Rome enfant, couché dans ses langes au milieu d'impériales, de la collection Camille Marcille, vient d'être vendue 450 francs à la vente du 6 mars 1876. Cette esquisse avait été achetée par M. Marcille père 104 fr. 50 à la vente de Planche, le père du critique.

Le dessin du portrait du comte de Sommariva, appartenant à M. Eudoxe Marcille (p. 43), a été acheté 126 francs à la vente de Boisfremont 1864.

Le second dessin du portrait du comte de Sommariva (H. 24 c., L. 17 c.), qui faisait partie de la collection Camille Marcille, vient d'être vendu 270 francs à la vente du 6 mars 1876.

La miniature de Mlle Mayer, appartenant à M. Eudoxe Marcille (n° 20), a été acquise par lui de M. Hippolyte Prud'hon, moyennant la somme de 2,250 francs.

Aux miniatures (citées p. 57, 58, 59, 60 et 61) il faut joindre une miniature appartenant à M. Sensier, et qui n'a pas été exposée aux Beaux-Arts.

Cette très-petite miniature représente une tête de femme inconnue. Elle est vue de trois quarts, tournée à droite, et coiffée d'une haute chevelure poudrée, dans laquelle court un ruban de gaze rose. Les épaules et la robe, d'un rouge carminé, sont couvertes d'un fichu transparent.

Le médaillon de Marie-Louise (H. 17 c., L. 12 c.) (n° 24) a été acheté 400 francs en 1855 par M. Marcille père, du peintre Pérignon.

Le masque de l'empereur Napoléon dans l'allégorie de Dubos gravée par Tardieu, et possédé par M. Eudoxe Marcille, a été acheté 81 francs à la vente du graveur Tardieu. Ce masque faisait partie d'un lot dans lequel étaient compris les petits portraits dessinés d'Ivan VI et de Lanskoï.

Le médaillon en imitation du bas-relief du Roi de Rome, le dessin terminé, possédé par M. Eudoxe Marcille (n° 25), a été acheté 150 francs, par M. Marcille, père à M. Fiché, beau-frère de Constantin, le fils du marchand de tableaux, ami de Prud'hon.

Le portrait dessiné de la petite baronne Alexandre de Talleyrand (p. 72) a été acheté 800 francs par M. Jahan à la vente du 6 mars 1876. Il avait été payé 209 francs par M. Marcille père à la vente

Perret, décembre 1843, ainsi que le témoigne le bordereau d'enchères, et non 755 francs, ainsi que me l'avait écrit M. Camille Marcille, quelques mois avant sa mort.

Un petit portrait de vieillard dessiné à la mine de plomb, sur la même feuille où Prud'hon a tracé à la plume une tête d'homme à la physionomie féroce, coiffée d'une draperie, est exposé au Musée de Dijon sous le n° 1135.

COMPOSITIONS DE L'ANCIEN ET DU NOUVEAU TESTAMENT.

La petite esquisse (H. 9 c., L. 7 c.) de Joseph et de la femme de Putiphar (n° 29), provenant de la collection Camille Marcille, a été rachetée par M. Eudoxe Marcille 500 francs à la vente du 6 mars 1876.

Le dessin de Joseph et de la femme de Putiphar possédé par M. Eudoxe Marcille (n° 30) a été acheté 289 francs par M. Marcille père, à la vente de Poterlet, décembre 1849.

La petite esquisse de l'ASSOMPTION DE LA VIERGE (H. 0m,22, L. 0m,15), appartenant à M. Eudoxe Marcille, a été achetée 29 francs par M. Marcille père, à la vente de M. Rouillard, février 1853.

La grande esquisse de l'Assomption de la Vierge, appartenant à M. Henry, expert des Musées, ne s'est pas vendue à sa vente comme je l'ai dit ; elle a été léguée par le possesseur au Musée de Cherbourg, où elle figure sous le n° 140.

Les deux dessins que possède M. Paul Périer de la composition de l'Assomption de la Vierge, l'un, la Vierge reçue par le Tout-Puissant, mesure : H. 40 c., L. 25 c. ; l'autre, la Vierge avec sa couronne d'étoiles : H. 28 c., L. 21 c.

COMPOSITIONS DE LA MYTHOLOGIE ET DE L'HISTOIRE FABULEUSE.

Le dessin de Cybèle (p. 95), désigné dans le catalogue Camille Marcille sous le titre de « Cérès », a été acheté 300 francs par M. Hadot, à la vente du 6 mars 1876.

Une épreuve de la Cérès cherchant Proserpine (n° 36), une épreuve de 1er état avec les grifonnis de la marge, mais sans le titre, sans la dédicace, sans les noms de dessinateur et de graveur, serait en la possession du docteur Roux.

Trois dessins préparatoires de la composition de
VÉNUS ET ADONIS (n°s 38 et 39) n'ont pas été men-
tionnés.

Vénus assise sur le tertre.

Seconde première pensée. Dessin peu terminé sur
papier bleu avec rehauts. Ce dessin (H. 34 c.,
L. 25 c.) était en 1862 en la possession du marquis
de Malleville qui le tenait en héritage de son beau-
père, le baron Desnoyers.

Étude de femme pour la figure de Vénus. Étude
d'homme pour la figure d'Adonis.

Ces deux dessins, terminés sur papier bleu avec
rehauts de blanc, étaient en 1862 dans la collection
de M. Binder. J'ignore ce qu'ils sont devenus.

Une esquisse du TRIOMPHE DE VÉNUS (n° 42),
une grande esquisse (H. 65 c., L. 1 mèt. 20 c.), est
dans la collection de M. Buzareingues. C'est une
esquisse d'une facture toute semblable à la facture
de l'esquisse de L'EMPEREUR NAPOLÉON Ier AU
MILIEU DE LA VICTOIRE ET DE LA PAIX, une esquisse
heurtée, noirâtre, aux colorations vermillonnées des
corps d'amours, à la touche barboteuse de la Vénus.
Ce n'est point le travail des esquisses de « Joseph et
de la femme de Putiphar », du « Roi de Rome dans
ses langes », de « l'Abondance », de ces premières
idées coloriées, où les roses, les bleus, les verts, les
jaunes semblent des morceaux d'émail qui s'enlèvent

d'ombres délavées et rousses, mais dans l'esquisse de M. Buzareingues comme dans l'esquisse de M. Edwards, comme dans l'esquisse du « Grand couvert de Tilsitt », il est une brutalité magistrale, défendue à un copiste, à un reporteur d'un dessin de vignette sur une toile. Pour l'authenticité de cette toile, il y a encore la déclaration de M. Brale à M. Buzareingues « qu'il avait vu cette esquisse dans l'atelier de Prud'hon jusqu'à sa mort ».

Le tableau original de L'ENLÈVEMENT DE PSYCHE, possédé par M. de Sommariva (n° 43), a été racheté 15,450 francs par la famille à sa vente, en 1839.

Le dessin de L'ENLÈVEMENT DE PSYCHÉ, faisant partie de la collection Marcille (page 106), a été acheté 5,100 francs par M. Stern, à la vente du 6 mars 1876.

La première idée (H. 30 c., L. 38 c.) de PARIS ET HÉLÈNE RÉCONCILIÉS PAR VÉNUS (n° 46), faisant partie de la collection de M. Camille Marcille, vient d'être achetée 600 francs par M. Armand, à la vente du 6 mars 1876.

COMPOSITIONS
DE L'HISTOIRE MODERNE.

L'esquisse du « Grand couvert à Tilsit », appartenant à M. Stevens (page 121), vient de repasser à la
vente de Mme Bl... (3 mai 1876); cette esquisse, jointe
au dessin de la même composition appartenant également à M. Stevens (page 123), vient de se vendre
1,800 francs.

———

SCÈNES DE LA VIE CONTEMPORAINE.

« Une Famille heureuse », la composition de la
jeunesse de Prud'hon, présente une curieuse antithèse
avec la composition de ses vieux jours « UNE
FAMILLE MALHEUREUSE. Dans la première imagination tout est espérance et joie. Le bien portant petit
enfant se détourne du sein de sa mère rayonnante
pour embrasser la petite sœur. Le père, appuyé au
dos de la chaise de sa femme, contemple attendri le
gai spectacle, tandis qu'un frère plus grand mange
sa soupe près de la lucarne au châssis de plomb. Le
dessin (H. 38 c., L. 28 c.) est par lui-même plein
d'intérêt, avec ses procédés, ses gros traits de plume,
son pointillé, son ambition d'arriver à être le
trompe-l'œil d'une gravure.

J'ai commis une erreur (pages 124, 125) en annonçant que les deux tableaux intitulés : « Une jeune
fille tourmentée par des marmots » et « Un Villageois caressant une jeune fille dans une grange »
avaient été vendus à la vente Pelée.

Ces deux tableaux avaient été confiés par
Mᵐᵉ veuve Pelée, née Apolline Fauconnier, à
M. Sensier pour les vendre.

« La jeune fille tourmentée par des marmots », une
esquisse tenue dans les tons gris les plus fins, dans
un *flou* délicieux, et d'où se détachait la jolie fille
en blanc poussée par les marmots, avait quelque
chose d'une illustration de Werther, de l'illustration
de la scène qui montre Lolotte coupant des tartines
à la bande enfantine. Ce tableau, peint, par paren-
thèse, sur une toile détestable, était vendu par M. Sensier 300 francs. On ignore aujourd'hui en quelles
mains est passée la gracieuse composition.

Du tableau portant pour titre : « Un Villageois
caressant une jeune fille dans une grange », M. Sensier, malgré toutes ses démarches, ne put trouver plus
de 50 francs. C'était une peinture à la Greuze, dans
laquelle certains caractères naissants du Prud'hon
futur apparaissaient, notamment les yeux recouverts,
les yeux aux paupières antiques. L'épisode amoureux
se perdait dans une rustique partie de main chaude.
Ce tableau était signé : *Prudon*. M. Sensier ne pouvant le vendre plus de 50 francs, se décidait à l'ache-

ter. Il le gardait jusqu'au jour où, dans un moment de gêne, il était obligé de se séparer de quelques tableaux aimés. Le tableautin (il pouvait avoir 30 centimètres de largeur sur 20 de hauteur) ne dépassait pas à la petite vente le prix de 180 francs.

Du tableau des premiers temps de Prud'hon appartenant à Mme Fauconnier mère (page 125) et portant pour titre « le Bain », voici la description : Dans le dévalement verdoyant d'une vallée, en avant d'un sphinx, sous l'avancement d'un arbre penché sur sa tête, une femme assise a les jambes dans l'eau, prête à se laisser glisser dans la rivière. Les deux mains posées, un peu en arrière de son corps, sur le linge qu'elle vient de quitter, la baigneuse a sur sa figure penchée en avant l'anxiété frissonnante du froid et de l'inconnu de l'eau.

L'esquisse du « Départ pour la Chasse » appartenant à M. Stevens (page 126), et catalogué sous le titre « Les Vendéens » dans le catalogue de la vente de Mme Bl... 3 mai 1876, a été retirée par le possesseur.

———

ALLÉGORIES.

La petite peinture (H. 28 c., L. 23 c.) possédée par M. Buzareingues (page 149) est une étude du buste de l'Amour portant comme titre : LE CRUEL RIT DES PLEURS QU'IL FAIT VERSER. C'est une peinture aux chairs bleutées, verdâtres, avec sur ces chairs des lumières rosées : une peinture fatiguée, frottée, manquent d'une entière franchise, et dont les empâtements sont tout gercés et grippés, une peinture discutable, mais où cependant je crois sentir le pinceau de Prud'hon. Ce petit panneau est peint avec le mélange de mastic en larme et de cire vierge, cette espèce de miel qui ne sèche jamais et rend la réparation et le rentoilage des toiles de Prud'hon presque impossibles.

M. Buzareingues a vu dans une collection dont il ne peut se rappeler le nom du possesseur, le pendant : une petite toile de la grandeur de la sienne, représentant un buste de L'AMOUR RÉDUIT A LA RAISON.

Les deux figures dessinées du « Plaisir de l'Innocence » dans le tableau de L'AMOUR SÉDUIT L'INNOCENCE, etc., études faites d'après les modèles Julien et Marguerite, et faisant partie de la collection de M. Camille Marcille (page 143), viennent d'être achetées 1,510 francs par M. Isaac Pereire, à la vente du 6 mars 1876.

Le dessin du Repentir (n° 60) faisant partie de la collection de M. Camille Marcille a été acheté 500 fr.

par M. Bournet Véron, à la vente du 6 mars
1876.

LE COUP DE PATTE DU CHAT, le dessin terminé
appartenant à M. Eudoxe Marcille (n° 63), a été
acheté, en 1843, 500 francs par M. Marcille père, de
M. Fiché, beau-frère de Constantin fils.

La Récompense accordée à l'héroïsme guerrier, le
dessin appartenant à M. Eudoxe Marcille (pag. 151),
a été acquis par lui moyennant 445 francs de
M. Gaulle, sculpteur.

Voici la description du dessin de la « Tyrannie », passé de la collection Boisfremont chez le
prince Napoléon, puis chez le comte Duchâtel et
enfin chez le baron Dejean : Sur un trône siége un
tyran épouvanté. A la gauche du tyran, une femme
armée d'un glaive, à sa droite des loups hurlant.

Le dessin de la CONSTITUTION FRANÇAISE, appartenant à M. Eudoxe Marcille (n° 67), a été payé
200 francs par M. Marcille père à Constantin. Les
deux dessins de L'ÉGALITÉ et LA LOI, gravés par
Copia, manquaient à la composition générale.
M. Marcille père a eu le bonheur de les retrouver
plus tard à la vente du sculpteur Tardieu, où ils faisaient partie du lot contenant le masque de l'Empereur et les portraits d'Ivan VI et de Lanskoï.

La figure de la Liberté de la CONSTITUTION FRANÇAISE (n° 67), avec les fers brisés de ses pieds, ajoute par un lithographe républicain d'un triangle égalitaire dans une main, et d'un bonnet rouge au bout de sa pique, est devenue au lendemain de la révolution de février une figure de la République Française. Cette lithographie porte :

LA RÉPUBLIQUE FRANÇAISE

Liberté. Égalité. Fraternité. 23, 24 février 1848.
G. H., d'après Prudhon.
Publié par A. Blaisot, éditeur à Paris.

La République, le dessin ovale (H. 85 c., L. 65 c.), appartenant à M. Maherault (page 158), représente une femme debout, vue de face, s'appuyant des deux mains sur une lance. Elle est casquée ; un lion est à sa droite, un lion est à sa gauche.

L'allégorie relative à Bonaparte G^{al} des Armées françaises (n° 71), signée seulement d'un P. et dont l'attribution semble justifiée par le caractère du nu académique, de la composition et l'expression des têtes d'amours, mérite une description. Au milieu d'un paysage de ruines, l'Envie est assise par terre, les mains liées derrière le dos, un carcan de fer allant de son cou à ses pieds. Au-dessus s'envole le Temps, sa faux à la main. Dans le ciel, planant sur un arc de triomphe, la Renommée brandit sa trompette en désignant d'une main un cadre représentant un Napoléon aux longs cheveux, cadre que tiennent suspendu en l'air trois amours, pendant qu'un quatrième tend une couronne de lauriers au-dessus de la tête du vainqueur de l'Italie.

Le dessin terminé de La Raison parle et le Plaisir entraine, de la collection Eudoxe Marcille, a été acheté par M. Marcille père, en 1845, 68 francs. Il avait été vendu 50 francs à la vente Demet, en 1840.

———

COMPOSITIONS DÉCORATIVES.

Une esquisse du plafond de « La Sagesse et de la Vérité descendant sur la terre » (page 73), une esquisse de forme ronde, était achetée 1,000 francs par le comte Daru, à la vente du Van Cuyck, février 1866.

Le croqueton donnant la première idée du plafond : « Minerve conduisant le Génie des Arts à l'Immortalité » (H. 10 c., L. 47 c.), faisant partie de la collection de M. Eudoxe Marcille (page 178), avait été acheté 63 francs par M. Marcille père, à la vente d'Eugène Devéria.

M. Buzareingues possède une ébauche curieuse

d'un des grands panneaux de l'hôtel Lanois, maintenant transportés au château Schlechsdorf, et dont le
carton autrefois possédé par M. Laperlier est aujourd'hui exposé au Louvre. C'est l'étude, grandeur
nature jusqu'à la moitié des cuisses, de la Vénus, penchée sur l'Amour, portant comme titre : Les Plaisirs
(n° 85), une grisaille avec un ton blond dans les cheveux, un ton bleu dans la draperie. L'étude a-t-elle
été couverte par Prud'hon, ou par un élève de
Prud'hon sous la direction et l'œil du Maître? L'in-
téressant est, que quelque temps après l'achat de
cette toile rognée à mi-cuisse de la Vénus et sans
l'Amour du bas de la composition, M. Buzareingues
a retrouvé le bas de la toile non encore recouvert,
et où le calque du dessin du Louvre n'est indiqué
que par un trait de pinceau. C'est incontestablement
une étude préparée dans l'atelier de Prud'hon et
abandonnée par le Maître pour un motif que nous
ignorons.

Le dessin de l'Automne (H. 7c., L. 17 c.), acheté
dans le principe 770 francs (n° 93) et que les enchères
des Rothschild, du duc d'Aumale, de M. Cahen viennent de faire monter à 9,000 francs, à la vente de
M. Camille Marcille, provient de la vente de
M. Barthélemy Vignon, architecte de la Malmaison.

La puissante tête de Satyre aux cornes (H. 37 c.,

L. 23 c.,) vue de face, le mascaron de l'hôtel Lanois faisant partie de la collection de M. Camille Marcille, a été achetée 150 francs par M. Marmontel, à la vente du 6 mars 1876.

Le dessin terminé de LACHÉSIS (H. 31 c., L. 45 c.), appartenant à M. Eudoxe Marcille (n° 97), provient de la collection Varoch. Il a été acheté 400 francs par M. Marcille père, le 2 mars 1850.

Un second dessin de LACHÉSIS, dessin du même fini et de la même grandeur que celui de M. Eudoxe Marcille, existe chez le duc d'Aumale qui possède également un dessin terminé de CLOTHO. Ces deux dessins avaient été achetés par le marquis Maison, à la vente de la maréchale Lannes, duchesse de Montebello, avril 1857.

Dans l'allégorie relative au mariage de Napoléon Ier (page 202), peinte en transparent de la plus grande dimension, dans l'entablement de la galerie en retour de l'hôtel de ville communiquant par les appartements avec la Préfecture, les illustres mariés avaient à leur droite le groupe des trois Grâces, les neuf Muses, une ronde de cupidons; à leur gauche, Minerve, les héros fabuleux, le Tibre et la Seine accoudés sur la même urne, l'Amour dans un char traîné par des cupidons.

De cette grande composition dont heureusement

nous avons l'esquisse de M. Hauguet et le dessin de M. Bellanger, il existe une gravure au trait d'un pouce de haut dans un livre rare. Ce livre s'appelle: • *Fêtes à l'occasion du mariage de S. M. Napoléon, Empereur des Français, Roi d'Italie, avec Marie-Louise, Archiduchesse d'Autriche.* (*Recueil de gravures au trait représentant les principales décorations d'architecture et de peinture der Illuminations les plus remarquables auxquelles ce mariage a donné lieu... par Goulet.* A Paris, chez L. Ch. Soyer, libraire-éditeur, rue du Doyenné, 40. 1810.

Sur la même feuille, où est donnée l'allégorie relative au mariage de Napoléon Ier, Normand fils a encore gravé « la Renommée annonçant au Monde l'événement qui devait assurer la tranquillité (page 207) : » le dessin appartenant à M. Marcille, et « la Victoire offrant l'olivier de la paix aux nations vaincues : » le dessin perdu.

Dans le même volume sont également gravées au trait par la femme Soyer, en deux planches, les dix figures allégoriques élevées sur les vingt-deux colonnes de la galerie de l'Hôtel-de-Ville.

Les dessins de dix figures allégoriques couronnant la galerie de l'Hôtel-de-Ville et faisant partie de la collection Camille Marcille (nos 98 A 107) avaient été achetés 600 francs par M. Marcille père au fondeur Thomire, et non au peintre Trezel.

M. Marmontel possède, d'un format plus petit, le dessin d'une Muse qui semble avoir été exécutée pour cette série. C'est une Muse vue de face, la tête tournée un peu à droite, tenant une lyre serrée contre son corps qui repose sur une jambe croisée devant elle. Le dessin, assez poussé, est au crayon noir à la craie sur papier bleu.

Les trois danseuses pour la décoration du surtout de table de l'Impératrice-Reine, faisaient partie de la collection de M. Camille Marcille (n° 120). Ces trois dessins, dont la vente s'est élevée à 7,351 francs, avaient été achetés 600 francs par M. Marcille père au fondeur Thomire.

ILLUSTRATIONS D'IMPRIMÉS.

Le dessin de « Daphnis cherchant une cigale dans le sein de Chloé, » (H. 19 c., L. 15 c.) le dessin reproduit en fac-simile par Schaal et faisant partie de la collection de MM. Camille Marcille (n° 124) vient d'être acheté 610 francs par M. Armand, à la vente du 6 mars 1876.

La délivrance d'Anzia, la vignette d'*Abrocome et Anzia* (n° 127) a été achetée 441 francs par M. Didier, à la vente Renouard, décembre 1854, puis payée 1,005 francs par M. Eudoxe Marcille, à la vente Véron, dans laquelle elle avait été intercalée par M. Didier.

Le dessin de l'illustration de l'*Art d'aimer* portant pour titre : EN JOUIR, et appartenant à M. Eudoxe Marcille (n° 131) a été acheté 900 francs à la vente de la maréchale Lannes, duchesse de Montebello, avril 1857. Les deux autres compositions avaient été achetées précédemment par M. Marcille père. M. Eudoxe ignore la provenance et le prix de ces dessins.

Le dessin de « Pyrrhus et Andromaque » appartenant à M. Eudoxe Marcille (n° 145) a été acheté 2,000 francs par le possesseur à M. Brame.

Le dessin de la gravure « Carte des environs de Paris, » cataloguée sous le n° 147 est dans la collection de M. Marmontel. Ce petit croquis (H. 7 c., L. 9 c.) où les noms de Paris, de Saint-Denis et Sceaux ne sont point encore tracés, est au crayon noir avec rehauts de blanc sur papier verdâtre. Ce dessin affirme l'attribution de la gravure qui ne porte pas de nom de dessinateur.

Le dessin de la PRÉFECTURE DE LA SEINE, appartenant à M. Eudoxe Marcille (n° 149), dessin ovale (H. 9 c., L. 6 c.) a été acheté par le possesseur 184 francs, chez MM. Danlos et Delisle en 1874.

Le dessin Ministère de la police générale, appartenant à M. Eudoxe Marcille (nº 151), a été acheté 60 francs par le possesseur, en 1863, à Mᵐᵉ Braulard, la fille du graveur Roger.

De toutes les gravures applicables aux usages de la vie privée moderne, dont l'invention et le dessin sont attribués à Prud'hon, je n'en connais qu'une seule, qui, malgré l'absence du nom du dessinateur, me semble incontestable. C'est une gravure coloriée appartenant à M. Lapostolet et qui représente « la Peinture et la Sculpture, » assises sur des escabeaux et allongées dans des poses de grâce joliment maniérée.

Les deux figures allégoriques sont accoudées à un vase faisant le milieu de l'estampe, à un vase d'où retombe une guirlande de fleurs et de fruits, et qui porte sur sa panse un amour ailé, brandissant une flèche. A gauche la Peinture, vue de face, le coude du bras qui tient la palette posé sur le rebord du vase, l'autre main tenant un pinceau, se penche en avant avec le regard abaissé d'un peintre contemplant sur sa toile, l'effet d'une touche posée. A droite, la Sculpture vue de dos, le coude du bras qui tient le ciseau appuyé au vase, la tête en profil perdu, le bras droit élevant en l'air au-dessus de sa tête le maillet, une jambe allongée, une autre rétractée avec un pouce du pied qui s'arc-boute au sol. Rien de charmant comme l'arrangement, au moyen duquel les deux femmes se rejoignent et se relient par ces deux coudes touchant au vase qui fait le centre de la composition.

Cette gravure au pointillé, imprimée en un ton légèrement bistré pour le vase, les étoffes, en un ton carminé pour les chairs, est en outre coloriée d'un aquarellage jaune dans les chevelures, les escabeaux, la palette de la Peinture, la tunique de la Sculpture, d'un aquarellage bleu dans la tunique de la Peinture, d'un aquarellage vert dans la guirlande du vase.

Cette gravure coloriée comme l'étaient les gravures de VÉNUS ET L'AMOUR et de LÉDA pour les boîtes à dragées du *Fidèle Berger,* me paraît par sa parenté avec quelques adresses du XVIIIe siècle, notamment avec celle de Roberdeau, avoir été exécutée pour être l'adresse commerciale d'un orfévre de l'empire.

Cette gravure qui n'a pas servi, qui n'a du être tirée que comme une épreuve d'essai ne porte ni nom de dessinateur, ni nom de graveur, et elle n'est arrêtée et lignée par aucun cadre ou filet. Elle mesure (H. 12 c., L. 23 c.)

SUJETS DIVERS.

Dans son plus chaud moment de passion pour Prud'hon, M. Marcille père tombé à Cluny, après avoir couru la ville toute la journée, battait encore les rues à neuf heures du soir, poussant la porte des maisons où il y avait de la lumière, et jetant au nez des gens endormis : « Auriez-vous des Prud'hon? » En une de ces maisons où il était entré, on le fait monter au grenier où il découvrait à la lueur d'une mauvaise chandelle la fameuse enseigne du chapelier Charton qui fut vendue à l'enragé collectionneur par M. Galland, notaire à Cormatin, fils du chapelier.

Les neuf dessins destinés à illustrer la Méthode de basse, par le baron de Joursanvault (pages 267, 268), appartenant à Mme Teinturier sont maintenant en possession du docteur Roux. Indépendamment du dessin qui fait partie de la collection de M. Mouilleron, un onzième croquis au trait d'un joueur de basse serait en la possession de M. Milsand, bibliothécaire, adjoint de la ville de Dijon.

Le petit album d'Italie, possédé par M. Camille Marcille, ce petit carnet de poche des peintres du siècle dernier, relié en vélin blanc, et se fermant avec une courroie semblable à la courroie des tabatières qu'on appelle *queues de rat,* vient de se vendre à la vente du 6 mars 1876. Au milieu de croquetons d'après l'antique, au milieu de croquetons d'après le Corrége, au milieu de *premières pensées* de compositions futures parmi lesquelles se trouvait déjà : L'AMOUR SÉDUIT L'INNOCENCE..., au milieu de crayonnages de toutes sortes, mêlée à des notes biographiques sur les artistes anciens, se rencontre la lettre d'amour que nous avons donnée dans la biographie de Prud'hon. Ce document intime de la jeunesse du peintre, ce petit livre d'art et d'amour brouillés ensemble, a été acheté 705 francs par M. Gauchez, qui se propose d'en faire une reproduction entièrement *fac-similée.*

Le second album d'Italie, possédé par M. Eudoxe Marcille, est d'un format plus grand que celui acheté par M. Gauchez à la vente de M. Camille Marcille. Il contient, dessinés au crayon, à la plume, quelquefois avec l'ajoute d'un rien de gros pointillé, des statues antiques, des candélabres, des études de cupidons gravés à l'eau-forte par mon frère sous le n° 131, enfin des croquis de toute sorte parmi lesquels un très-enfantin et très-ridicule dessin d'un général hollandais comme on en voit dans les tableaux de Vandermeulen. Une petite tête de profil de vieillard encapuchonné, dessiné à la plume en manière de gravure, est curieuse comme prototype du portrait de la Réveillère, elle a servi aussi à la composition de la grande tête d'expression publiée sous le titre de l'AGE MUR. A travers les dessins, les griffonnages, les caricatures, les adresses d'amis, jetés pêle-mêle, ce petit aide-mémoire a des pages entières noircies de rédactions à la Dandré Bardon, de motifs de tableaux historiques tels que Stratonice, Coriolan et Véturie, Horatius Coclès défendant un pont, Mucius Scévola dans le camp de Porsenna, etc. En ces descriptions s'enchevêtrent des compositions allégoriques que le Maître réalisera de retour en France. ainsi : « l'AMOUR RÉDUIT A LA RAISON. Dans l'album se voient quelques feuilles qui manquent. Ces pages, — c'est une note de M. Eudoxe Marcille qui nous l'apprend, — ont été déchirées par Deveria pour se payer de quelque argent que lui devait le fils de Prud'hon. Plus tard ces pages repassaient à la vente du lithographe. C'était « l'Amour désarmé » d'après le Corrége, indiqué plus haut comme possédé par M. Burty et vendu 85 francs; c'était une petite figure d'homme, vendue 66 francs; c'étaient « l'Amour et Psyché », vendus 44 francs; c'étaient « Joseph et Putiphar, » le dessin que M. Adolphe Moreau a fait encastrer dans un buvard, vendu 101 francs; c'étaient « l'Amour et Vénus » vendus 137 francs; c'était enfin le dessin de Lysimaque, possédé par M. Maherault, vendu 51 francs.

ÉTUDES.

M. Marmontel possède un très-grand dessin de Prud'hon fait d'après ses procédés ordinaires sur papier bleu, d'une composition de Stella représentant « La Vierge et l'Enfant Jésus. » Ce dessin provient de la vente de M. Pelée.

La petite figure de femme assise drapée, à la plume et au pointillé, et dont le bras gauche non terminé, n'est tracé qu'au crayon, ce petit dessin qui faisait partie de la collection de M. Marcille n'a point paru à la vente du 6 mars 1876. Il a été donné par Mme Marcille à M. Georges Duplessis.

Diaz posséderait un dessin de Prud'hon, représentant de petites figures d'hommes nus, dans le genre de celles qui sont cataloguées comme faisant partie de la collection de M. Eudoxe Marcille.

Parmi les dessins à la plume, citons un bizarre dessin (H. 19 c. L. 15 c.,) appartenant à M. Sensier. C'est la figure dramatisée d'un homme drapé à l'antique, marchant à gauche, une main tendue. Le dessin — sans doute une composition de Cluny — le dessin haché de gros traits de plume et lavé d'une encre devenue rousse, et rehaussé de blanc, le dessin brutal et fauve, est coupé par les paraphes de deux **P** d'une folle calligraphie, auxquels se rejoint deux fois le nom de *Prudon* écrit avec l'orthographe de sa jeunesse.

Le *Prudhom* mis à la place du nom de Prud'hon au bas d'un certain nombre de planches gravées, a sa raison. Le nom de Prud'hon se prononçait ainsi, et jamais M. Sensier qui a connu Mme Fauconnier, ne l'a entendu parlant du peintre, l'appeler autrement que Prud'homme.

La tête de CÉRÈS, appartenant à M. Eudoxe Marcille (n° 177), a été achetée 100 francs par M. Marcille père au sculpteur Romagnesi.

La belle tête d'enfant appartenant à M. Eudoxe Marcille (page 294), a été achetée 84 francs par M. Marcille père à la vente de l'expert Gérard en 1849.

Une étude qui semble un portrait, et où se retrouve le sourire de la bouche et des yeux des têtes du Maître avec un de ses arrangements de cheveux qui lui sont particuliers, me semble, jusqu'à preuve du contraire, devoir être considérée comme lithographiée d'après un dessin de Prud'hon.
Cette lithographie imprimée chez Engelmann, ayant en bas le nom du dessinateur Barrois, porte

pour titre: *Étude d'après nature*. Elle représente une tête de femme de trois-quarts, tournée à gauche et un peu abaissée. Elle est coiffée d'un peigne d'où descend un papillotage de cheveux qui lui encadre la figure. Elle a au cou un grand fichu aux plis tuyautés.

Dans le *Guide pittoresque des voyageurs à Dijon,* M. Goussard donne un curieux détail sur les académies de jeune homme du peintre qui sont aujourd'hui au Musée de Dijon et proviennent du legs Devosge. Il dit « que ces académies, dessinées par Prud'hon pendant son séjour à l'école de Dijon, lui étaient achetées par Devosge père qui le soutenait ainsi dans les premiers pas de sa carrière d'artiste. »

M. Paul Perier possède une académie d'homme d'un travail très-fini et très-terminé. C'est un jeune homme assis sur un tertre avec une main qui repose dessus, tandis que le bras est étendu en l'air dans un geste de commandement. Académie au crayon noir à la craie sur papier bleu.

Une académie d'homme, de lutteur, d'un format plus grand que les académies ordinaires, est dans la collection de M. Marmontel. Cette académie d'un beau mouvement représente un homme vu de face, les jambes en marche, un bras levé au-dessus de sa tête, un bras tenant un bâton. Académie au crayon noir et à la craie sur papier bleu.

Une autre académie de jeune homme existe encore dans la collection de M. Marmontel. Elle est en largeur. Un jeune homme de profil tourné à droite, couché, allongé et soulevé, s'appuie d'une main sur la table à modèle ; le travail des jambes pour lequel le papier s'est trouvé trop court n'est terminé que jusqu'aux genoux. Académie au crayon noir et à la craie sur papier bleu.

Une photographie publiée par J. Laurent à Madrid nous fait faire connaissance avec une académie faisant partie de la collection du duc de Montpensier. C'est un homme vu de face, le profil tourné à gauche. Il a le bras droit relevé au-dessus de la tête, et le bras gauche tendu dans le mouvement d'un bras tenant une corde. Cette académie est signée *Prudhon*.

PART DE PRUD'HON
DANS L'ŒUVRE DE Mlle MAYER.

Une esquisse de Prud'hon pour la composition intitulée : « Le Rêve du bonheur » différente de celle faisant partie du Musée de Lille, et provenant du cabinet de M. Brunet, ami du maître a été retirée par le possesseur à la vente de Mme Bl... 3 mai 1876.

L'esquisse de la MÈRE HEUREUSE, achetée par lord Hertfort à la vente Saint, a été exposée par M. Wallace à l'exposition de Rethnal Green sous le titre : « Mother and Child. » A cette exposition de 1872, Prud'hon était représenté par le portrait de l'Impératrice Joséphine, l'Assomption de la Vierge, la Vénus, trois tableaux que nous indiquons pag. 35, 90, 313.

Une tête d'étude de la MÈRE HEUREUSE, autre que celle possédée par Mlle Denain (page 316), est dans la collection de M. Eudoxe Marcille. Cette étude (H. 41 c., L. 35 c.), du travail le plus charmant, où le visage du plus extrême fini fait opposition à une chevelure ébauchée et comme *floche*, vient de la vente Poterlet, décembre 1840. Elle a été payée par M. Marcille père 317 francs.

Le dessin de « la Naïade lutinée par les Amours » appartenant à M. Paul Perier (page 317); ce dessin (H. 25 c., L. 19 c.) légèrement frotté de blanc et de noir, avec des cernées puissantes arrêtant la ligne d'ombre des corps, est l'un des dessins, où dans la grâce et la délicatesse du faire, apparaissent le mieux, les coups de force du Maître.

TABLE

DES COMPOSITIONS

GRAVÉES OU LITHOGRAPHIÉES

PAR ET D'APRÈS PRUDHON

EAUX-FORTES ET LITHOGRAPHIES
DE LA MAIN DU MAITRE.

1. La leçon de Botanique.
2. Un Génie.
3. L'ENLÈVEMENT D'EUROPE [1]
4. AMOURS DE PHROSINE ET DE MÉLIDORE.
5. LE DIRECTEUR RÉVEILLÈRE.
6. Buste d'homme chauve.

[1]. Je rappelle ici que je donne seulement en petites capitales ou en italique les estampes qui portent un titre gravé. Les titres en romaine sont les titres attribués aux estampes par la tradition ou les catalogues. Le lecteur remarquera aussi, que dans le but d'arriver à une plus grande clarté dans ce volume, le texte relatif aux peintures a été imprimé en romaines n° 11, le texte relatif aux dessins en romaines n° 10, le texte relatif aux gravures en romaines n° 9.

31. Jésus-Christ expirant sur la croix.

32. Le Christ en croix.

33. L'Assomption de la Vierge.

34. Même composition avec différences.

35. La Vierge.

COMPOSITIONS DE LA MYTHOLOGIE ET DE L'HISTOIRE FABULEUSE.

36. Cérès cherchant Proserpine.

37. La vengeance de Cérès.

38. Vénus et Adonis.

39. Même composition avec différences.

40. Vénus au Bain.

41. Vénus baigneuses.

42. Le triomphe de Vénus.

43. L'Enlèvement de Psyché.

44. Le Zéphir.

45. Apollon et les Muses.

46. Paris et Hélène réconciliés par Vénus.

47. Andromaque.

SCÈNES DE LA VIE CONTEMPORAINE.

48. Femme filant au rouet.

49. Femme faisant chauffer la bouillie de son enfant.

50. *Mange, mon petit, mange.*

51. *Oh! les jolis petits chiens.*

52. Innocence et Amour.

53. Hymen et Bonheur.

54. La Toilette.

ALLÉGORIES DIVERSES.

355

78. La Raison parle et le Plaisir entraine.

79. La Vertu aux prises avec le Vice.

80. L'Ame.

81. Même composition avec différences.

COMPOSITIONS DÉCORATIVES.

8 . Le Génie et l'Étude.

83. Plafond de Diane au Louvre.

84. Fresque de Prud'hon sur une cheminée a Cluny.

85. La Richesse. — Les Arts. — Les Plaisirs. — La Philosophie.

86 à 89. L'Étude. — La Richesse. — L'Amour. — La Sagesse.

90. Le Matin. — Le Midi. — Le Soir. — La Nuit.

91 et 92. Le Printemps. — L'Été. — L'Automne. — L'Hiver.

93. L'Automne.

94. Colonne élevée a Desaix.

95. Les Trois Parques.

96. La Fileuse ou Clothon.

97. La Devideuse ou Lachésis.

98 à 107. La Poésie. — L'Industrie. — La Victoire. — Le Commerce. — La Science. — La Peinture. — L'Étude. — La Navigation. — L'Agriculture. — Les Honneurs.

108. Écran.

109. Table et Miroir.

110. Profil de la Table et du Miroir. — Fauteuil.

111. Les petits Fileurs.

ÉTUDES.

163. L'ATTENTION.

164. LA LECTURE.

165. LE DESSINATEUR.

166. LE MODÈLE.

167. L'Ignorance.

168. ÉTUDE DE L'AMOUR ET L'AMITIÉ.

168 *bis*. L'AMOUR (même composition que l'étude de l'Amour et de l'Amitié).

169. TÊTE DE JEUNE HOMME.

170. TÊTE DE FEMME.

171. L'INNOCENCE.

172. TÊTE D'ÉTUDE.

173. L'ENFANCE.

174. ÉTUDE.

175. MINERVE.

176. Tête d'homme à barbe.

177. CÉRÈS.

178. AGE MUR.

179. LA COQUETTE ESPAGNOLE.

180. LE DÉSIR.

181. LE DÉSIR (même composition).

182. Tête de femme.

183. Tête de femme.

184. ÉTUDE D'APRÈS PRUD'HON.

185. VIRGINIE.

186. Tête de la mère d'UNE FAMILLE MALHEUREUSE.

186 *bis*. TÊTES tirées de la « Famille malheureuse ».

187. La Pudeur.
188. Étude.
189. Académie de femme.
190. Marguerite.
191. Marguerite.
192. La Candeur.

PART DE PRUDHON DANS L'ŒUVRE
DE Mlle MAYER.

193. Le Rêve ou le Réveil.
194. Le Sommeil.

ADDITIONS ET ERRATAS

195. La Peinture et la Sculpture.
196. Étude d'après nature [1].

1. A la grande rigueur, pour que l'Œuvre gravé du Maître soit complet, il faudrait ajouter le petit trait gravé de Fremy d'après le portrait du comte de Sommariva et encore trois pièces gravées au trait sur la même feuille par Normand fils, dans le volume des *Fêtes à l'occasion du mariage de S. M. Napoléon, Empereur des Français Roi d'Italie avec Marie-Louise Archiduchesse d'Autriche,* 1810. Ce sont : 1° La Victoire offrant l'Olivier de la Paix aux nations vaincues; 2° La Renommée annonçant au Monde l'avénement qui devait assurer la tranquillité; 3° La grande allégorie peinte en transparent relative au mariage de Napoléon Ier.

TABLE ALPHABÉTIQUE

DU

CATALOGUE DE PRUD'HON

A

Abondance (L'). Peintures. Dessin, 192, 193.

Académie de femme. Gravure, 297.

Académie de femme, appartenant à M. Bonnet de Malherbe. Dessin, 300.

Académie de femme, appartenant à Mme de la Tournelle. Dessin, 300.

Académie de femme, appartenant à M. Eudoxe Marcille. Dessin, 300, 301.

Académie de femme, appartenant à M. Rouart. Dessin, 301.

Académie de femme, appartenant à M. Gariel. Dessin, 301.

Académie de femme, appartenant au baron Dejean. Dessin, 301, 302.

Académie de jeune homme, appartenant au baron Dejean. Dessin, 304.

Académie de jeune homme, appartenant à Louis Viardot. Dessin, 305.

Académie de jeune homme, appartenant à M. Marmontel. Dessin, 349.

Académie d'homme. Peinture, 302.

Étude de femme nue. Dessin 299.

Études d'homme et de femme. Dessins, 302.

Études de têtes, de bras, de mains et d'un torse. Dessins, 306.

F

Famille heureuse (Une). Dessin, 124, 329.

FAMILLE MALHEUREUSE (UNE). Lithographie de Prud'hon. Peintures. Dessins, 10, 11, 12, 13, 321, 322.

Fauconnier (Mlle). Miniature, 57, 58.

Fauconnier (Mlle). Dessin, 62, 63.

FAUTEUIL de l'Impératrice-Reine. Gravure. Dessin, 217.

Feuille de croquis divers achetée chez un fripier de Beaune. Gravure, 124.

Femme drapée. Dessin, 278, 346.

Femme faisant chauffer la bouillie de son enfant. Gravure, 123.

Femme filant au rouet. Gravure, 123.

Figure d'homme tendant la main, appartenant à M. Sensier. Dessin, 346, 347.

Figures de petits hommes nus appartenant à M. Diaz. Dessin.

FILEURS (LES PETITS). Gravures. Dessins, 214.

FILEUSE OU CLOTON (LA). Gravure. Dessins, 198, 337.

Folie (La). Dessin, 136.

Flambeau de Vénus (Le). (Tableau de Mlle Mayer). Esquisse. Dessin, 315.

Fontaine (M). Peinture, 20, 21.

Force (La). Lithographie. Dessin, 220,

Fresque de Prud'hon sur une cheminée de Cluny. Lithographie, 179.

Frochot (M). Dessin, 66.

Fronton de l'Hôtel-Dieu. Dessin, 199, 200.

G

Gagnerot dit Poulotte. Peinture, 17.

Gauthier La Chapelle (M). Peinture, 18.

Gauthier la Chapelle. Peinture, 18.

Génie (Un). Eau-forte de Prud'hon, 2.

Génie de la Paix (Le). Peinture, 159.

Géométrie (La). Dessin, 205, 206.

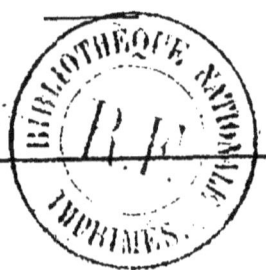

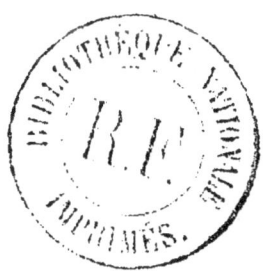

TABLE DES MATIÈRES

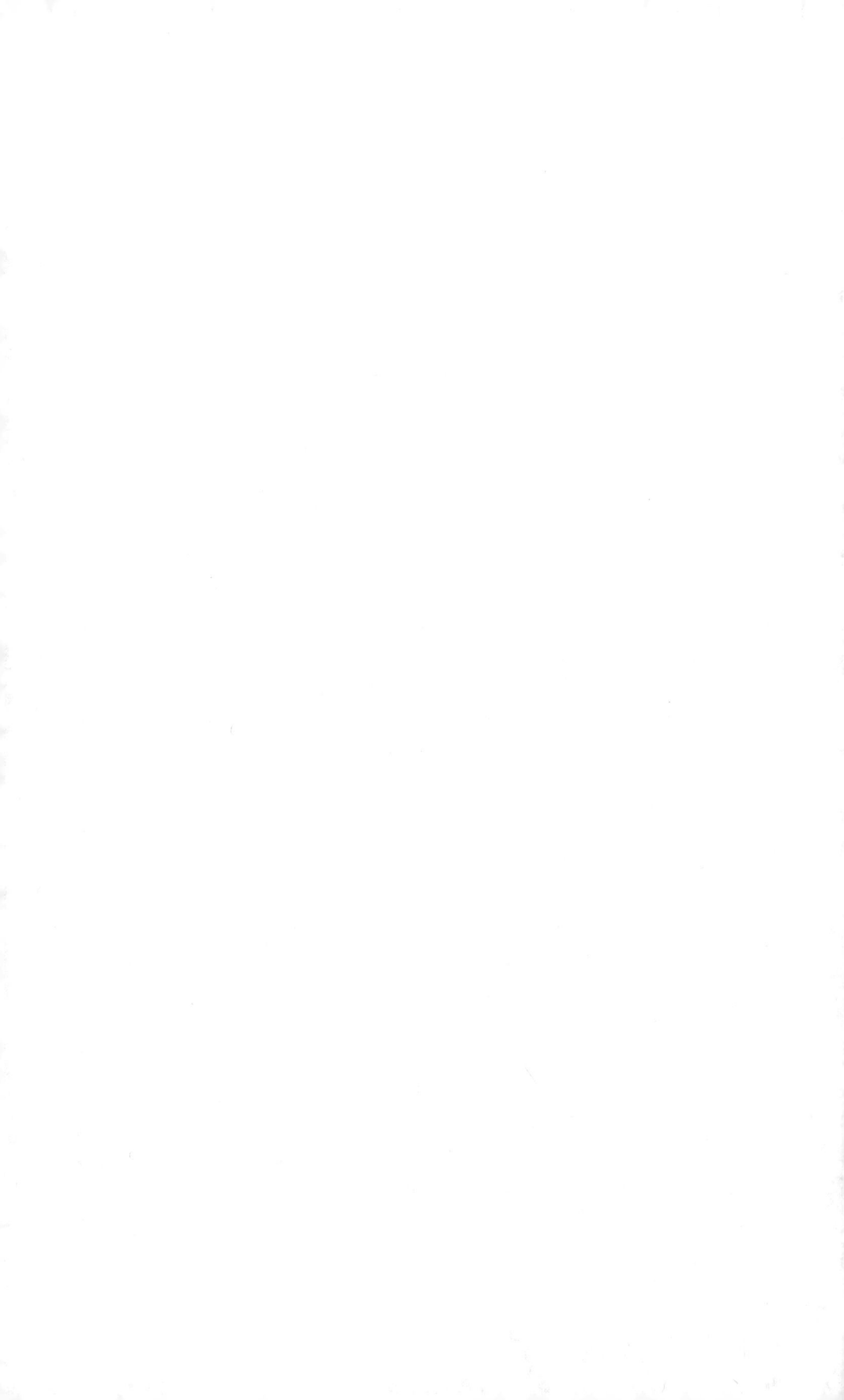